献给我的母亲

齐白石照相记

齐凯 著

浙江人民美术出版社

图书在版编目（CIP）数据

齐白石照相记 / 齐凯著. -- 杭州：浙江人民美术出版社，2025.1（2025.4重印）-- ISBN 978-7-5751-0456-2

Ⅰ. K825.72-64

中国国家版本馆CIP数据核字第2024BK1230号

封面题签　马小起
责任编辑　洛雅潇　吕梦静
责任校对　胡晔雯
责任印制　陈柏荣

齐白石照相记

齐凯　著

出版发行	浙江人民美术出版社
	（杭州市环城北路177号）
经　销	全国各地新华书店
制　版	浙江新华图文制作有限公司
印　刷	浙江新华数码印务有限公司
版　次	2025年1月第1版
印　次	2025年4月第2次印刷
开　本	889mm×1194mm　1/32
印　张	8.75
字　数	180千字
书　号	ISBN 978-7-5751-0456-2
定　价	68.00元

如发现印刷装订质量问题，影响阅读，请与出版社营销部（0571-85174821）联系调换。

目录

I　齐白石1950年之前照片略述（代序）

001　心出家僧
005　两位夫人
008　北平画界巨子
009　北平国立艺术学院
012　三女一儿
014　胜泉外吉（日本）、野口勇（美国）
017　裘扇照
020　七十岁
022　脑袋被挤
025　"中心位"
027　白石画室
029　齐蒂尔（捷克）
031　安东·埃克斯纳（奥地利）
032　齐家院子
033　哀苦

034　告示
036　胜泉外吉（日本）
038　黎松庵
040　《齐白石画集》
042　李苦禅（一）
044　杨仲子、凌文渊、汤定之
048　哈路斯（比利时）、王代之、吴迪生、白永吉
051　张次溪
054　盛成、郑坚、邵可侣（法国）
057　病妾
059　《良友》
060　伊藤为雄（日本）
063　中国最伟大的艺术家
064　《人间世》
066　徐悲鸿、王青芳
069　周作人
071　老夫、如妇
073　胡宝珠、邓柏云

076	张恨水、王伯龙	127	赫达·莫理循（德国）
078	王森然和叶浅予、梁白波	129	儿女冤家
		133	平岛二郎（日本）
081	金石书画生活	135	王柱宇
086	长衫	137	小泽文四郎（日本）、张次溪
087	拄拐		
089	郑景康	140	刘冰庵
091	邓柏云	142	白石坡
095	国立北平艺专	144	齐良已
099	胡佩衡、杨泊庐、蔡礼、刘延涛	146	扶正
		150	天下无二
102	金永基（韩国）	152	老父幼子
104	书生本色	154	祖孙父子
106	娄师白	155	在延安
108	四川艺术专科学校	157	王天池、张志鱼
112	父子兄弟	159	牧牛图
114	李白珩	161	白石"山"翁
116	张大千、王师子、于非闇	162	《中华周报》
118	王"文龙"	164	王天池、齐子如
120	借山门客	166	夏文珠
122	李苦禅（二）	168	马连良之子
124	三弟也	170	王绍尊

172	故都文物研究会	214	彭友善
174	康正平	216	于希宁
176	王令闻	218	姜文锦
178	老当益壮	221	杨大钧
180	葫芦内是卖何药也？	223	吴作人、李桦
182	思归时也	226	希特立（英国）
183	战胜思乡	228	齐子如
185	长相见	230	杰克·伯恩斯（美国）
187	于右任、曹克家、张镇	244	两个"木居士"
190	芝木匠和旧王孙	246	八大山人
192	罗寄梅	248	李可染、李骆公
193	周炼霞、吴青霞	250	手相
195	刘旭沧	251	北方三子
196	风尘仆仆	253	委员会委员
197	张道藩		
199	女弟子	254	附录
201	郎静山、雷佩芝夫妇	256	主要参考书目
203	张充仁	260	后记
205	北平美术作家协会		
207	徐悲鸿		
209	李可染、段天白		
211	撷英雅集		

齐白石1950年之前照片略述*
（代序）

齐白石虽然出身平民，但绝非穷苦之人，有多种材料可以证明，即便在他到北京初期，积蓄和收入也是相当可观的。只是他生活朴素，又不善交际，所以很少主动张罗照相。即便如此，他的照片也为数不少，这是为什么呢？1919年，齐白石定居北京之后声名渐起，时有主动找来照相者。以外国人为例，齐白石从1920年代初期就与之交往，一生多次往来者有数十位，即便在民国时期的合影，以及齐白石所签赠、为齐白石拍摄的照片也不下数十张，其中有比利时人哈路斯，日本人伊藤为雄、胜泉外吉、小泽文四郎，美国人杰克·伯恩斯，韩国人金永基，法国人邵可侣，德国人赫达·莫理循，英国人希特立，奥地利人安东·埃克斯纳……不少人购买了他的画作，数量可观，也有人成了他的经纪人，而他们对齐氏艺术在海外的传播起到了重要的作用。

如今可见齐白石在民国时期的照片有近两百张，分为单人照、雅集合影、院校合影、师徒合影、家庭合影，有些是摄影作品，有些只是一般的生活留影；较早的拍摄于1926年1月6日（乙丑年十一月廿二）齐白石62周岁生日之际，最晚约在1949年7月第一届全国文代会当选主席团成员期间。虽说白石老人不经常张罗照相，但一半以

---

* 因书画作品中旧式纪年多使用阴历，且齐白石使用新旧历法的习惯不稳定，为作区分，书中凡以汉字形式表示日期的，皆为阴历；以阿拉伯数字表示日期的，则为阳历。

上的照片是在齐家拍摄的，从中可知其社交的特点，比如学生来访或离京时常以合影为念——或自带相机登门，或带照相馆的师傅。也因此照片散落各处，甚至有的学生之后去国，以致照片鲜再露面，而这些照片白石老人大多没有存底。再因齐白石除了保存画稿、粉本外并无收藏的习惯，所以在其遗物中鲜见照片。此外，这些照片中还呈现出丰富的内容，以下再谈三点：一、齐白石的表情要么木讷、要么哀苦，欢愉的镜头屈指可数，与其恬淡的画风形成了鲜明对比。二、照片中透露出来的细节与其艺术风格息息相关。比如，从1930年代中早期拍摄的作画镜头中发现，齐白石凡画水墨则使用画案里侧，凡画设色则用外侧，即便到了1948年杰克·伯恩斯为之拍照时依旧如此。而画室里物品摆放凌乱，但颜料碟、笔洗里十分干净。这些都是其画作中色、墨明净的原因所在；三、暗藏天机。1935年，《天津商报画刊》之《白石山翁诗书画印专号》上刊登了一张课徒照——齐白石居中，左、右分别是副室胡宝珠、外孙媳邓柏云，同时刊登了"二徒"当日所作之画。这张看似普通的合影背后实则另有故事，综合其它文献可知，二人都曾是齐白石的代笔人（仅限部分题材），本书中将详述。不少照片的信息被误记、误读是我研究的初衷之一。比如，同一张照片的拍摄时间记载不一，甚至间隔甚远，或是将发表时间和拍摄时间混为一谈；再比如，一张曾经风靡网络的"齐白石脑袋被挤"的照片，被戏称是老齐在"北漂"早期受人冷落、排挤的缩影，实则是酒后游戏之作，或因拍照事故所致，如今另存一张重新拍摄的照片，齐白石居中而坐，其地位可见——这一点还有多张照片亦可证明。另有一张网传的乞丐模样者的照片，被误定是"北漂"早期的齐白石，甚至有学者据此展开了文学想象，纯属可笑。总之，研究齐白石的照片既是一个尽可能还原真实的过程，又是从另外一个角度对其学术、交游进行梳理、考证的过程。下文将从广为流传的"齐白石不喜欢照相"之说展开，简述几张具有代表性的照片，并尽量落脚于齐白石的诗、书、画、印，重点呈现稀见的文献，常见者则一笔带过。

齐白石不喜欢照相的说法由来已久，且多有传闻，主要源于两种资料，一是王森然所作多篇关于白石老人的文章，二是老人在不同时期写的告示。王森然先后写过《乙亥记三百石印富翁》《近代名家评传·齐璜先生评传》《回忆齐白石先生》，涉及照相之事无非是郑景康为老人照相，周维善为老人画像，均得到赠画，但之后老人挂出了婉拒照相、不画像的告示。王氏三文写成的时间跨度大，细节或未说明，或前后不一，综合后得出：周维善画像在前，郑景康拍照在后，并非在周氏之后挂出了告示；周维善并非直接去齐家画像，而是1935年夏，在王家看到老人的照片后，认为长得像林森，便对着照片速写了漫画像。之后，王森然将漫画像装框赠送老人，老人则画《三窃图（东方朔偷桃）》回赠周氏；1935年秋，郑景康离京赴沪之前，在王森然的带领下拜访了白石老人，拍照12张，并将其中一张放大成3尺的，均赠送老人，老人则画《墨虾》回报。此后，齐白石声明不再照相、画像，实则并非厌恶照相、画像，盖因需用画作回礼，而他是以卖画为生的，双方市场价格不对等，索性事先声明。

郑景康为老人拍摄的照片如今可见3张，以下择其二作说明。一张是胸像，一张是全身照，焦点是齐白石拄着拐杖。照片中的齐白石穿着棉袍，身体右倾，目视前方而神情哀苦，右手拄着一根笔直的竹杖——区别于十年后的红漆藤杖。彼时，白石老人虽已年过七旬，但前后多年都不曾挂拐，综合各种资料可知，原因即老人经常提到的"起身怒而逐犬"时被铁栅栏的斜撑绊倒摔伤了左腿，时在乙亥年（1935）六月初四。然而，从齐白石致赵元礼的信函中可知，他在丁丑年（1937）七月初九再次摔伤，在赫达·莫理循为之拍摄的家庭合影中，可以看到他再次拄拐。

从齐白石所书的其它告示可知，他不照相另有原因，即有人借助照相、合影在国外展卖他的假画。但是，一切都要因人、因时而异。1941年夏，即将创刊的《古今》杂志的主理人许斐采访了白石老人，并请摄影师为老人和幼子良末合影。之后，许氏在照片上题跋数语赠送老人，老人则以画作为报，越数日，老人看到照片后又为之作画，后又如是。盖因年老健忘也！

谈起齐白石的照片总是故事多多，意犹未尽，那就再简述两张以此来收尾吧。

齐白石的很多照片与其学术是分不开的。1930年，铸新照相馆为他拍摄了一张"裘扇照"——头戴毡帽，身穿裘衣，手拿折扇，堪称齐氏一生最拉风的照片：一、此照当年就曾多次见报，多人为之作文；二、照片当年就被悬挂在了照相馆的外墙上，又恰被美国《国家地理》的记者在外景拍到；三、彼时所持折扇今尚存世，另面是他画的《水墨白菜》，清心寡欲，和富丽堂皇的裘衣形成了鲜明对比。然而，一生朴素的齐白石似乎不会购置此等侈物。他在两首诗中说明了此事的来龙去脉：一是《五日，夏天畸赠羊裘》，一是《画珊瑚树》（有句云：羊裘典矣因思赎）。

齐白石的人物画中总是充满趣味、让人会心一笑，现实生活中的他却经常心事重重，但是也有幽默的一面。1946年，女学生王令闻为齐老师拍照时，老师却说要准备一下，然后从衣襟里拿出了一个小玉葫芦，之后眯起眼睛往里看，并说："我要看看这葫芦里有多大乾坤！"这不就是他常画的《铁拐李》嘛！

有趣的照片还有很多，就请大家翻看这本小册子吧！囿于个人能力和目之所及的材料，书中一定还有诸多不完美之处，敬请不吝赐教。

民国后生齐凯

2024 年 6 月草于藻堂

心出家僧

《齐白石画册》扉页上的齐白石像，
1928年发行

  目前所见齐白石较早的影像就是这张，拍摄于乙丑年十一月廿二（1926年1月6日）。是日，白石老人62周岁生日。

  这是齐白石唯一时间明确的民国时期生日当天的照片。从1919年定居北京，到之后的几年间，他的卖画收入逐渐可观，但未曾主动张罗过寿，除了在寿日刻枚印、作幅画等少数文事外，鲜见与生日有关的记载。即便1949年之后的几次寿庆，也非个人行为。

  此照装帧精美，题赠雪庵上人。雪庵是齐白石的佛门弟子释瑞光（生于1878年），号雪庵（广），擅画山水、花卉。生日这天有雪，瑞光召集了师兄弟贺孔才、杨泊庐、王雪涛、陈小溪、赵大廷为师庆

齐白石像，1926年1月6日拍摄，题赠瑞光和尚

當民十八与余同寅東余以此像之

Y.J.Kung 豐容

心此像
注意註

生，酒后到容丰照相馆拍下了此照。照片中的齐白石瞪大了双眼，表情木讷又略带愁容，似乎生无可恋。一个是客居京华的老画师，一个是青灯黄卷的和尚，师徒之间彼时惺惺相惜。齐白石在照片上题字说，二人是"同寂寞"，并自称"心出家兄"。而在照片对面的卡纸上，齐白石还题写了一首诗："斯世何容身外身，道从寂寞惜诸君。衰年顾影羸愁色，小技论工负替人。鬼道［余居鬼门关侧］柴门天又雪［寒］，星塘［余阿爷、阿娘居星塘老屋］茅屋日边云。明年此日吾还在，对镜能知老几分。"之后，好友夏寿田（直心居士）说这诗不吉利，齐白石则说只要诗好，何关生死，但他还是去征询了陈毓华（仲恂）的意见。此后，齐白石重新召集聚会，为了结佛缘，还穿上了僧衣拍照，并且再次作诗，尾句是"记得前身是阿难"。我很好奇这张充满幽默色彩的僧衣照片是怎样的，可惜今不得见。事实上，看似豁达的齐白石是一个既迷信又颓丧的人。在两年前的生日当晚，他刻了一枚"老齐郎"的自用印，边款中说：我今天60岁了，今晚死去不算短命。题外，"迷信"的夏寿田于1935年秋天故去，享年65岁，年长7岁的齐白石"哭泣三日，不欢逾月"。

或因不常照相，或因比较满意，这张照片之后被多次使用：1928年刊登于《丁丁画报》，但标注误说是"近影"；1928年端午节出版的《齐白石画册》中亦采用，标注是："齐白石先生乙丑年六十四岁玉照"。乙丑年即1925年，虚岁63岁，64岁不知从何说起。关于齐白石的年龄问题一向令人头疼，远不止周知的1937年"瞒天过海，虚加两岁"。

壬申年（1932）正月初五，瑞光和尚圆寂，齐白石到莲花寺大哭了一场。

两位夫人

(左起)陈春君、齐白石、齐良已、齐良迟、胡宝珠,
约1927年春

齐白石有两位夫人,陈春君和胡宝珠,三人同框的照片仅见此张。

从胡宝珠的孕身和齐良迟(生于1921年)、良已(生于1923年)的年龄推断,此照拍摄于1927年春。1926年岁末,齐白石结束了"北漂"的租房生涯,用2000个银元(齐良迟语)买下了跨车胡同15号院——雷光宇(道衡)家的后院,拍摄地或在此宅。

陈春君(生于1862年)长齐白石1岁,白石叫她春姊,常年留守湖南老家,是绝对的贤内助。约在1934年,白石刻印"七三老妇八千里",来形容二人的局面。我没有见过陈氏其它照片,也不能证明她此际在北京(乙丑年[1925]九月曾在)。但根据多方推断,此照中的老妇就是陈氏。丙寅年(1926)三月、七月,齐白石的双亲相继去世,他身为长子却因战事不能返乡奔丧,因此陈氏多有代劳,遂推测陈氏是在丧事之后来到了北京。

甲戌年（1874）正月廿一，陈春君来到齐家做童养媳，先后生下了三子良元（字子贞，生于1889年）、良黼（字子仁，生于1894年）、良琨（字子如，生于1902年），以及二女菊如（生于1883年）、阿梅（生于1898年）。庚辰年（1940）正月十四，陈氏亡故，齐白石作祭文，读之令人声泪俱下。而在白石的书画中，我仅见在一幅小画《蚂蚱》中提到陈氏，第一次题字"此生不愿居朝市，听惯山中纺绩声"，第二次题"春君吾姊，眼昏笑看夫婿"。另见一首名为《画珊瑚树》的诗，有云："昨得山妻慰问书，雪深三尺着裘无。"

再说胡宝珠。齐白石一生中至少两次受赠婢女，宝珠即第一次，乃政客胡鄂公（号南湖，生于1884年）所赠。宝珠原为鄂公之母赵氏的丫鬟，己未年（1919）闰七月十八，鄂公见到齐氏所画《扁豆》后非常喜欢，很认真地说，你若能将此画送我，我当报公以婢。如此，妙龄的胡宝珠以胡母义女的身份来到了年近花甲的齐白石身边。九月十三，齐白石返乡，鄂公将义妹宝珠送到了车站交予老齐郎，齐门弟子姚石倩目睹了一切。关于胡宝珠如何走进齐家，白石及其后人有多种说法，有说原配念白石年老"北漂"，主动为之纳妾；有说白石将胡氏领回家后，在原配的张罗下纳为妾室。两种说法都无实证，我推测是齐白石将宝珠领回家后，年老的原配——一个将近60岁的村妇面对已经飞黄腾达的丈夫带回来的新人，保持了默许的态度。

宝珠是四川人，何年何月何日出生，都是据"老夫"齐白石推算而定的，即1902年中秋节。照片上的良迟、良已就是宝珠所出，但陈氏视如己出，良迟曾写过回忆文章，对这位大妈妈感恩不尽。宝珠彼时所怀，当是他们的第一个女儿——丁卯年（1927）五月廿二，良怜出生。

在这张照片上，齐白石的脑袋顶部未被拍到，骨相清癯，神情未见往常的衰老和哀苦，反而精神矍铄，似有笑意。是年春天，他被国立艺术专门学校（即北平艺专）校长林风眠聘请任教，一个木匠出身的老画师成了大学老师，可谓奇闻。在校期间，齐白石认识了同事、法国画家克罗多，他对白石高度推崇。1926年，齐白石在《顺天时报》上刊登了《齐白石不好为人师》的声明，虽未言明具体事件，但从他1927年7月5日登报的《与王代之书》中可知，此前的声明是在拒绝到某院校任教的邀请。后经考证，可知该院校为京华美专。

北平画界巨子

(右图)齐白石像，1929年2月10日《京报图画周刊》刊登

齐白石早年的照片很少，所以这张胸像就显得珍贵。此照是和画家陈少鹿的照片并排刊登在1929年2月10日的《京报图画周刊》上的，名曰"北平画界巨子齐白石、陈少鹿先生近影"。这天正好是1929年正月初一，彼时北京刚改名北平不久。

陈少鹿（生于1867年）即陈蕃诰，今名不响，当年也是活跃人物，他与农民出身的齐白石不同，乃四川总督陈鹿笙之子。报中称齐白石为"画界巨子"，虽有夸张之嫌，但也说明彼时齐氏在京圈已有较大影响力。

照片上的齐白石穿着质量上乘的对襟上衣，目光坚定，也许是在记者的要求下摆拍的。和之前的照片相比，他已经逐渐脱去了木讷和土气，增添了几分书卷气。

北平国立艺术学院

(前排左起)延(阎)爱兰、寿石工、汤定之、周肇祥、王梦白、齐白石、谢蕙庭(存疑),其余学生:王妙如、胡荫梓、林国瑛、彭华疁、陈桂元,1930年

这张合影的上端写着:"北平国立艺术学院一九三十年中系师生新春欢宴合影。"北平国立艺术学院全称是国立北平大学艺术学院,即北平艺专——中央美院的前身,中系即中国画系。齐白石一生在该校几进几出,可惜文献记载缺失,学校的组织构成反复变换,所以二者关系并不十分明朗。

除了1927年林风眠主政时期的短暂任教,齐白石从1928年12月3日至1929年7月31日又在此校任教,聘书是由上级单位国立北平大学的校长李石曾所下，负责人是徐悲鸿（1929年1月因故离任）和李书华。任期满后，齐白石是否继续任教，暂未见到明确记载，但从这张合影推测，依旧在任（负责人是郑颖孙）。而在1929年后半年，该校结构混乱，当年有多报称教育部已将国立北平大学艺术学院改为国立北平艺术专科学校（1930年春，又责令改为艺术职业专科学校，秋，复又改为艺术专科学校），但改名一事遭到了师生们反对，遂未能实现。

再看这张合影。前排并坐者应是教师，有齐白石、王梦白、汤定之、周肇祥、寿石工，都是著名画家。最左边的女士应是助教延（阎）爱兰，字玉阶，山东人，毕业于北平艺专，教写生，与李苦禅、王雪涛等为九友画会成员。余三人不识。"中心位"大胡子是王梦白，齐白石、周肇祥分坐左右。王比齐小20余岁，出身相当，"北漂"时间近似，但齐氏不善言辞，王氏正好相反——比如经常当众学齐白石说湖南话。齐门弟子于非闇曾说："我老师白石山翁他与梦白是不相容的。"而周肇祥（养庵）外号周斯文，曾为高官，亦是北京画坛的领袖，多次和齐白石参加活动并合影，但内心对齐氏"野狐禅"的画风十分不屑。而齐白石来京之初，也曾作诗《题周养庵画墨梅》，句云："小鬟磨墨污肌肤，一朵梅花一颗珠。我唤此翁超绝尘，画家习气一毫无。"其中的人情世故和作诗套路一目了然。汤定之和寿石工都与齐白石熟识，暂且不述。

后两排应是学生，但我难以对应识别，应有王妙如、胡荫梓、林国瑛、彭华琚、陈桂元、杨徵蕙（陈访先之妻）、夏静渊、徐雨樵、张起鹏、张泊生、王化庵、凌眉琳、张恺骥、李良芳、王咏芝……多数人或曾得到齐老师的画作，或有齐师为之题画。最容易认出的是王妙如，北京画院藏有妙如为齐白石所画《荷花鸳鸯》，而1937年出版的《王妙如女士书画册》中的作品多有齐白石的题字,以及为她所刻"王妙如"等印;约在1930年代中期,齐白石曾给夏静渊画了一幅很精彩的《八百春秋图》,钤印"白石相赠""要知天道酬勤",还曾作诗《题夏静渊画梅雀》;杨微惠曾画《梅花禽鸟》《奇石雁来红》登报,均有齐白石的题字称赞。

三女一儿

关于这张齐白石的家庭合影背后的故事，我曾数次重写。

照片中的3个大人分别是齐白石、胡宝珠和次孙秉清（字次生，生于1912年）之妻家旭，另有记载叫家馗，有说姓严，也有说姓尹。因为怀抱婴儿，我把家旭定为推断此照拍摄时间的关键。

1929年春，新婚的秉清、家旭来到北京，1931年春因秉清身体欠佳而离京。而在1931年正月，他们的第一个孩子在北京出生，即齐白石的长曾孙女，取名平初，初来北平之意，白石老人从此当了曾祖父。但在齐白石的回忆录中，将此女与次年所生的长曾孙耕夫混淆，好在三孙佛来在《我的祖父白石老人》中作出了说明。我推测家旭所抱婴儿是平初，或因离京才合影留念。然而，这样的认知又被多种疑问否定了，原因不再解释。

事实上，家旭所抱婴儿是齐白石和胡宝珠的三女良止（亦作芷），1930年（多误记为1931年）"三月十一日"（阴阳历不确定）出生，此时三五个月大小，因此推测合影拍摄于此年夏秋之间。而宝珠怀抱者是次女良欢，1928年生，身边站着长女良怜，1927年生。家旭身边的小男孩儿则是白石和宝珠的次子良已，此时不足7周岁。

(左起)齐白石、齐良怜,胡宝珠怀抱齐良欢,家旭怀抱齐良止,齐良已,1930年夏秋之间

胜泉外吉（日本）、野口勇（美国）

齐白石一生中直接或间接交往的外国人，以日本人最多——至少有几十人——胜泉外吉就是其一。

这张齐白石和胜泉外吉的合影首见于《野口勇与齐白石（北京1930）》的展览画册，图注说是1930年拍摄于正金银行，但从背景中的墙角可知应是在齐白石家。照片上的胜泉略有所思，白石的形象倒有几分"日本艺术大师"的气质，应该是抓拍，摄影师可能是野口勇，约在秋冬时节。

胜泉外吉（生于1889年）是一位经济学家、作家、和平主义者，1925年至1932年任职于北京的正金银行。1925年秋，他通过同事伊藤为雄和齐白石认识，之后从齐氏夫妇手中陆续购买过多幅画作，也曾得到赠画，1932年离开中国时，他手上的齐白石画作约有30幅。胜泉外吉去世后，后人将这批画作捐赠给胜泉的母校密歇根大学艺术博物馆9幅、圣地亚哥艺术博物馆2幅，还有部分流入了拍卖会。

我更感兴趣的是照片以外的野口勇，一位蜚声国际的当代艺术大师。从1930年7月到1931年初，美籍日裔的野口勇（生于1904年）在华旅行。1930年秋天，他与胜泉外吉相识（在胜泉的回忆文字里误记为1931年），在胜泉家看到齐白石画的《水墨白菜》（一颗白菜、两个蘑菇）之后大为震惊，次日一早，二人就骑着自行车去拜访了白石老人。约在彼时，齐白石也给野口勇画了一幅《水墨白菜》（一颗白菜），应是现场随手一挥，无需付润，落款称呼"野口先生"，没有"勇"字。约在此画之后，齐白石又在一幅旧作《葡萄》上再次题

齐白石和胜泉外吉，1930年秋冬时节，此照片或为野口勇拍摄

字，上款称呼"野口勇先生"——此作应需付款。另外，白石老人还为之刻"野口勇印"。如今，三作均收藏于美国纽约野口勇博物馆。

传闻齐白石和野口勇是师徒关系，当不准确，而野口勇曾短暂随之学画应是事实。

裘扇照

齐白石像，1930年正月中旬之后

这是齐白石最"拉风"的一张照片，看上去活像一个土财主。当年的报纸中说：他头戴黑子羔土耳其式冬帽，身穿狐裘，手持折扇，扇上自书自作诗"摇扇可以消炎，着裘可以御凉。二者日日须防，任人窃笑颠狂"。齐白石这首诗还曾题于女弟子王妙如画的山水条幅上，而在诗稿中的标题是《铸新为余照像，余着重裘，手摇巨扇，扇上题二十六字》，明明是24字，却写成26字，不知是笔误还是恶作剧。最后一句原是"任人笑作癫狂"。而一炎一凉，可谓自警世态炎凉。

1931年4月7日，《北京画报》上刊登了周公旦的文章《裘扇潇洒之齐白石》，说在春节期间，海王村公园"游人如鲫"，门口的铸新照相馆橱窗里挂着齐白石的裘扇照，着装奇怪，诗文奇特，引得游人驻足称赞,广告做得甚妙!10月31日,《北京画报》上又刊登了由铸新照相馆提供的此照。不光是北京,1932年11月11日,《上海画报》上刊登了张丹斧之文《题齐白石先生裘扇图并序》,并以此照配文。然而,依齐白石的性格是不会购买如此昂贵的衣物的,那它是从哪里来的呢?文章开头说齐白石所穿为"狐裘",乃当年记者所言,从今存的并不清楚的照片来看,实际当为"羊裘"。而齐白石曾作诗,名曰《五日,夏天畸赠羊裘》,即在端午节受夏寿田赠送羊裘,或为裘扇照中所穿。其诗曰:"新买羍衣绿似油,头颅白尽更何求。天涯不欲人相识,何用严家五月裘。"末句引用严子陵五月披裘之典,而齐白石说自己并不想出名,遂无须效仿,所以在《裘扇铭》中仅说"着裘可以御凉"。这件裘衣在其后的照片中未曾再现,去哪里了呢?这在他的另一首诗《画珊瑚树》中似乎可以找到答案:"昨得山妻慰问书,雪深三尺着裘无。羊裘典矣因思赎,五尺珊瑚画一株。"

关于这件裘衣,王森然在1935年的文章中说:"听人言齐白石冬天撑汗伞过街,夏天反而披着白裘,但我们认识(1925年)以来并未见过。"江湖上有此传闻,可见齐白石之乖僻在当时的影响。但传说毕竟是传说,北京的冬天基本上下不雨,若有也是小雨,打什么伞都无所谓。而传说夏天穿裘,可能是受照相馆挂出的裘扇照片中的扇子误导。扇子和裘衣同时出现并不冲突,就犹如齐白石在画中把梅花、寿桃两种不同季节的东西画在一起。我并不相信齐白石会在夏天拍摄此照——扇子是文人的标配,一年四季皆可把玩,这张照片明显属于摆拍,而从照片上的气色来看,应不在夏天,推测在冬季。

令人兴奋的是,美国《国家地理》的一位记者当年拍下了照相馆的外景,可以清楚地看到这张照片就挂在外墙上。他另外拍摄了此地其它时间的镜头——外墙上换成了张大千等人的照片。更令人兴奋的

北京琉璃厂铸新照相馆外景，橱窗内挂着齐白石的照片，1930年代早期

是，那把扇子如今还尚在，是日本外交官金谷静雄的旧藏。扇上写明了时间是庚午年（1930）正月中旬，且自命诗名为《裘扇铭》，可综合推测此照拍摄于此后。金谷于1929年来华，他和齐白石的其它交集暂不可知，但与和齐白石亦师亦友的瑞光和尚多有往来。有趣的是，在这把扇子的背面，齐白石画了一幅清心寡欲、与裘衣形成极具反差感的《水墨白菜》。

七十岁

齐白石像,约庚午年(1930)十一月,李苦禅题字

在这张照片上,齐门弟子李苦禅题字:"白石宗师七旬留影。"

齐白石的70岁是在哪一年呢?他生于癸亥年十一月廿二日(1864年1月1日),依旧俗,70岁是在1932年。然而,其一生有关年龄的记载较为混乱。众所周知的是,他从1937年开始"瞒天过海,虚加两岁",而事实上早就开始谎报了。

齐白石自称的70岁当是在1930年,比如他画的《送孙上学图》(胜泉外吉旧藏)中落款"白石山翁七十岁画",1930年3月3日刊登于《华北画刊》。在70岁生日这天,他画了一幅《雁来红》,并作诗题画,句云:"精神不与黄花异,独有黄花价值高。"而在生日前后,他还刻了一枚印章"七十以后",边款中说:此印石是从姜室宝珠那里借来的,我要是能活到80岁,就再刻"八十以后",这枚退还宝珠。此际,他还为胡宝珠刻印"齐宝珠"。十年之后,齐白石的确刻了一枚"吾年八十矣"的印章。然而,他一方面怕死,一方面又口无遮拦,比如国人避讳"73""84"两个年龄,老齐却曾郑重刻印"行年七十三""七三翁"等。

事实上,多位学者都将齐白石的70岁误定在了1932年。而在这一年,齐白石亲书《老年人善忘》手札,声称今年72岁,年老忘事,请诸君谅解云云。手札上圈改涂抹,完全就是一个草稿,却直接刊登在了1932年1月16日的《北京画报》上,名曰"白石老人手书新年之告白";文字版本刊登在了3月15日《华北日报》上,唯恐天下不知。然而,这似乎是一个障眼法。1931年,"九一八事变"之后,时局动荡,白石老人的生活受到了严重影响,此举是在有意回避麻烦。而从1932年开始,齐家大门紧闭,从门内上锁,所谓"齐家大门难进"就是从此开始。

再谈这张照片。齐白石头戴毡帽,精气十足,和上一张裘扇照仔细对比,可知是在同期所拍,或相去不远。而我见到的此照,最早刊登于1935年的《实报半月刊》,王森然以黑衣之名发文《人物志·齐白石》,即以此照配图。文中说在白石画室的南墙上挂着王闿运的遗像,下方的桌子上放着放大的白石照片。

再说李苦禅。从1930年开始,他到杭州国立艺专任教,但每年都会回京。这年十二月初一,齐老师曾给他回信说,自你南下之后我若有所失,你客居他乡,要多和林风眠、李朴园、潘天寿诸位先生往来,不至于寂寞苦闷,年假时可回北京与我们团聚。

脑袋被挤

(左起)王慕廉、孙克武、尼娜、齐蒂尔、齐白石、陈半丁、萧谦中，1931年，约3月12日晚，此照或为王仲年拍摄

这是一张曾经的"网红照"，齐白石的脑袋被挤了，堪称其一生"最憋屈"的照片。有网友说这是齐大师"北漂"早期受人排挤的缩影，果真如此吗？这得从捷克人齐蒂尔说起。

1920年代，齐蒂尔（生于1896年）曾在北平艺专教授西洋画，并多次在欧洲举办东方艺术展览，相关的文字、照片多有见于我国的报刊杂志，他又被写作齐提尔、齐提教授、齐提氏、齐突尔、齐特尔、缉氏、缉教授。在华期间，他与齐白石也有过接触，具体事件不详。齐蒂尔为了在布拉格举办大规模的东方艺术展览，在1931年2月1日（庚午年腊月十四）前，再次来华搜集名家书画，比如陈半丁、溥心畬、萧谦中、邵逸轩、金北楼等人的作品，齐白石之作则是重点。2月8日、3月13日、4月12日，他至少三次给国外的朋友写信，分享在华见闻，其中说：齐白石见我回来后热情地和我拥抱，称呼我为兄弟……日本皇室曾派人花费2000美元来购买齐大师的作品……齐氏的画作如何珍贵，买到真迹如何艰难，我如何游刃有余地买到不少精品，到西方展览之后一定能引起轰动……而从3月13日的信中可知，齐蒂尔此时才和齐白石逐渐熟识，经常聚会，并说"昨天还在一起晚餐"。因此，这张合影推测拍摄于3月12日晚上，而从照片的质感来看，也是在夜间。

从照片中可以看出活动气氛十分轻松，之所以出现"脑袋被挤"的事故，也许是因为酒过三巡，大家在作恶作剧，拿齐白石开玩笑而已。抑或其它原因，暂不能确定。而这张照片可能是由王仲年（孙克武丈夫）拍摄，其中还有齐蒂尔、尼娜夫妇，陈半丁、王慕廉夫妇，萧谦中、孙克武，组织者应是齐蒂尔，地点当在其寓所。

尼娜是俄罗斯人，齐蒂尔遗产的唯一继承人。齐白石曾为她画《稻草麻雀》（布拉格国家美术馆藏），上款称"尼那女士"。而在该馆，还收藏了一纸齐白石的残札，大意是：某人来我家时说，"齐太太"（即尼娜）星期一要到我家来。可惜落款时间只有"廿二日"，而所用笺纸是荣宝斋发行的齐白石画《子鼠》，题款中说嘱画丙子（1936）笺，实际上1935年此笺已经面世，因此最早写于此年。而馆藏记录说此信是写给齐蒂尔的，推测非也。1936年5月，齐蒂尔在筹备维也纳展览期间因伤寒症去世，尼娜闻讯从中国返回欧洲，可知二人并不在一起，应是写给他人，因为某种机缘而到了尼娜手中。另外，信中用"齐太太"之称谓，也说明并非是写给齐蒂尔的。

传闻齐白石来北京初期曾受人排挤，比如要拜陈半丁的"码头"，此说纯属谣传。陈氏确实在背后说过齐的坏话（邓广铭记载），但谁人背后不说人呢？二人的交集很多，不再赘述。而在陈妻王慕廉之前的妻子叫王怀英，又作槐英，生平记载寥寥，于1934年去世，齐白石曾作挽诗："断机孟母魂不还，北海荷花寂无色。鼓盆庄子肠欲断，满杯竹叶倾更愁。"

萧谦中（生于1883年）是京圈活跃的画家，二人相处几十载，齐白石多次为之作诗、作文、题画。这里转述一个胡佩衡讲述的故事，推测发生在1920年代中期。胡氏说，萧氏的山水画当年很出名，曾嘲笑齐氏所画山水不合法度，齐白石闻之便很少再画，后来画了一幅山水扇面，题字说：此画千万不要让萧谦中看到，害怕他笑话我。

孙克武何许人也，请看下文。

"中心位"

(左起)萧谦中、尼娜、王仲年、齐白石、孙克武、齐蒂尔、陈半丁、
1931年,约3月12日晚,此照或为王慕廉拍摄

因为上张照片拍摄失败,故又补拍了这张,齐白石居"中心位",地位可见一斑。

这次拍照,窗帘被拉上了,尼娜和孙克武都穿上了华丽的大衣,带上了时髦的帽子,新加入了王仲年,陈半丁的夫人王慕廉退出,我推测是由她按下了快门。齐白石一生多次回避聚会,西式的更少参加,所以这两张合影显得弥足珍贵。谈到西式聚会,我想起了李朴园,他说在1934年初访齐白石时,因早闻齐氏脾气古怪,担心穿西服遭到反感,特意换了长衫。

此文仅谈一下年轻的王仲年和孙克武。二人都毕业于北平艺专,1922年与李苦禅、王雪涛、徐佩遐、延(阎)爱兰、王香芝(之)、袁仲沂、何吉祥（冀祥）组织成立了九友画会，除雪涛外，均是山东人。王梦（生于1901年）字仲年、重年，又名绍林，王懿荣族孙，长于工笔人物。孙克武（生于1904年）字芝泰、功苻，斋号醉梦室，长于工笔花鸟。二人的画风都融合了西洋画法。1926年夏末，他们随齐蒂尔到达捷克，并在布拉格美术学院深造，约在访学期间成婚。可惜，孙克武于1931年9月因难产在中国去世。而据说，王梦曾向齐白石学画，可以乱真。

白石画室

齐蒂尔在观看齐白石作画,1931年,约3月12日白天,此照或为尼娜拍摄

这是齐蒂尔在观看齐白石作画时的合影,拍摄于白石画室。从齐白石的服饰和精神状态推测,与前两篇文章中所谈聚会约在同一天,即白天拜访,晚上聚会。

从照片中可以看出,画室的墙上挂着摹写放大的"开张天岸马,奇逸人中龙"拓片(今存北京画院)。正下方的条案上放着两个镜框,右边是齐白石1922年冬天所书告示,大意是说介绍外国人来买画或者帮忙翻译者,概不酬谢。彼时,外国人齐蒂尔与之同框,颇有几分趣味。这也说明在齐白石定居北京的第四年(1922年),已有外国人陆续登门买画,而陈师曾将其画作带到日本展销,一炮走红,即在此年5月。齐氏立此告示，或是曾经发生过龃龉之事。事实上，早在1922年之前，齐白石就已经在和外国人打交道。至此，我突然想到，在抗战期间齐白石曾致信齐寿山（故交齐如山三弟）："若有外国人请先生当翻译者，余请先生切莫答应他！"关于外国人买画之事，齐白石还有一首纪事诗，名曰《因外客索画，一日未得休息，倦极自嘲》："一身画债终难了，晨起挥毫夜睡迟。晚岁破除年少懒，谁教姓字世都知。"再看左边的画框，被齐蒂尔的身体遮挡，虽只漏出一个角，然而这是白石恩师王闿运的遗像无疑。李朴园1934年来访时就特别注意了此像，王森然1935年作文也说，画室挂着王闿运的遗像和王氏为白石祖母所书墓志铭。悬挂遗像可谓尊师重道，亦是在彰显师门，而挂墓志铭，可称"奇葩"之举。

齐蒂尔（捷克）

齐白石像，1931 年，约 3 月 12 日白天，此照或为齐蒂尔所拍摄

这张照片和上一张当是同时拍摄，只是站在了画案的另一侧。我发现齐白石作画，凡画水墨皆用画案里侧，凡画设色用外侧，即便到了1948年，杰克·伯恩斯为他拍照时还是如此。

照片中的齐白石，手持色碟和毛笔，眉头紧锁，面对一张白色宣纸若有所思，画了什么不得而知，我推测此作后归齐蒂尔所有。齐蒂尔此次来华，至少得到百余幅白石画作，不少今藏布拉格国家美术馆。1931年2月8日，齐蒂尔在给国外朋友的信中说："回到北京一周多已经收获颇丰，齐白石的妻子（胡宝珠）卖给我一套册页，是他们之间的爱情信物，齐白石还赠我一幅之前不舍得卖的精品《渔父图》（布拉格国家美术馆藏）……"齐蒂尔说的这套册页，我推测是一套十二开的《瓜鸟鱼虫》水墨册，实际上是刚刚画好的。所谓的"信物"，是因为齐白石在《南瓜蚂蚱》一画的背面写道："次孙之妇产儿夜，宝姬料理殷勤，画此报。"所言发生在辛未年（1931）正月，齐白石的次孙秉清得女，取名平初。秉清乃白石原配陈春君之孙，而胡宝珠却能辛勤照顾，白石感而作此画为报。按辈分，新生儿齐平初应该称呼胡宝珠曾祖母，而宝珠此时尚不满30周岁。

安东·埃克斯纳（奥地利）

齐白石与埃克斯纳，1931年4月5日

1931年4月5日，奥地利人安东·埃克斯纳（生于1882年）拜访了齐白石，并拍下了多张照片。这是二人的合影，位于齐家院内，一中一洋，一长袍一西装，我很难想象他们会面时的情形。而在此际，齐白石的诗草中多次记录外国人来买画的事。

埃克斯纳家族从事古董艺术品生意，安东是第一代，一生多次游历东亚。他拜访齐白石，不知是否和齐蒂尔有关。因为在1930年3月15日至4月21日，齐蒂尔在维也纳举办了东方艺术展览（之后移至柏林、布达佩斯），其中有多幅齐白石的作品，这是其画作初次在欧洲正式亮相。

齐家院子

齐白石在齐家院子，1931年4月5日

这张合影当是安东·埃克斯纳一行所拍，还是位于齐家院内，和上张的位置是一张左侧，一张右侧。齐白石居中，右手作捋须状，两侧是何人均不能断定。年轻者可能是此际和白石往来频繁的张次溪，时年23岁。

在这张照片中，可以看到齐家院子的一隅，出现了北方不常见的龟背竹。齐家由三个大院和两个小院组成，但齐白石曾说家中狭窄，不能多种植物，多次致信黎锦熙，一次说家窄"不能容花草"，弟子赠送一棵千年松，送你随便处置；一次说家门前的丁香树"年年开花甚香"，你需要吗。

关于齐家门外，曾有多人记述，一言以蔽之：无风三尺土，下雨满地泥。

哀苦

齐白石像，1931年4月5日

这张齐白石的胸像来自安东·埃克斯纳的后人，应该也是安东一行所拍，即在1931年4月5日。

照片中的齐白石已过67周岁，神情凄凉哀苦，头发似是被风吹起，像是遭受了巨大创伤，而哀苦似乎是其一生的基调。此前的3月14日，恩人樊增祥去世，之后某日，齐白石梦见和宗子威去拜见樊氏，醒后作诗二绝，句云："怕读赠言三百字，教人一字一伤心。"他还刻了两枚印章：老年流涕哭樊山、王樊先去空留齐大作晨星。"王樊"即王闿运和樊增祥，"齐大"即齐白石。

告示

齐白石早年的画室，1931年4月5日

安东·埃克斯纳一行还拍摄了齐白石的画室，让我们以较大视野看到了早期白石画室的样子。和晚年的糟乱相比，彼时显得极简净，亮点是摆放着几个镜框。

在画案的正后桌子上，除了放着1922年冬天所写的告示（详见《白石画室》一文）外，还放着丁卯年（1927）八月所书告示"一切画会无能加入"。齐白石不爱混圈子，十多年前就曾用"齐无党"的名字表明立场，这也是其艺术个性的外化。他一生写过多张告示，如今尚存数张。据王森然介绍，齐家大门的门洞北墙上挂着一个镜框，画室内还挂有多个，即用于张贴告示。"一切画会无能加入"告示今已不存；而在己巳年（1929）八月，齐白石又刻印"一切画会无能加入"，边款中云：一切画会我都不加入，刻此回绝诸君邀请。且当即将印蜕发表于9月8日的《华北画刊》，并配文表态。为什么不加入一切画会呢？1926年，京中画坛领袖金城去世，周肇祥、金开藩（金氏之子）两派之间明争暗斗，都有意拉拢齐白石。而齐白石先是于1927年12月在《顺天时报》上发出了《齐白石声明不加入一切绘画展览会》的告示，所言关于金、周和自己之间的问题，含沙射影，怨气十足，周肇祥当即亦在此报上以《周养庵致齐白石启事照登》进行回应。也许是过了有效期，到了乙亥年（1935）九月，齐白石将此印磨掉后刻成了"齐白石"。关于这种现象，徐悲鸿当年也曾察觉，京中画坛门派林立，传统势力强大，而齐白石的特立独行也成为徐氏拉拢他的原因之一。

而在正后方的桌子上，放着一幅装框的画作，并非齐氏画风，留存待考。画室右侧的桌子上还放着一个镜框，是齐白石庚午年（1930）七月所书告示："鄙人养病，午前出门闲游，午后申时接客。"同月，他还写过一则告示："卖画不论交情，君子有耻，请照润格出钱。"并将其中的"不论交情""润格出钱"八字做了圈点，以示强调。两条告示今均存世，读来令人噗嗤发笑。

王闿运的照片哪儿去了？据王森然1935年所作文章记载，他拜访齐白石时见王氏遗像挂在画室的南墙上。

胜泉外吉（日本）

此照拍摄于白石画室外。到了1934年，室外就装上了铁栅栏，所以此景并不常见。辛未年（1931）四月初七，齐白石在照片背后题字赠送胜泉外吉："胜泉先生一笑如握。齐璜记赠。辛未四月七日，时同在旧京。"

1931年，二人之间有过多次往来。3月2日，齐白石给北京东交民巷正金银行胜泉先生写过一张明信片，关于舒思德（奥地利人）来齐家看画一事；5月3日（邮戳日），因多日未见胜泉来又致信，并言可与舒思德同来，还提到一位"闻博"先生；9月13日，再写明信片，寄往日本东京"胜泉先生收"，感慨想游历东京，但因年过七十而受阻（虚报年龄）。

胜泉外吉回国的时间不详，但在1931年，齐白石至少三次为之作书画：其一，因胜泉"明日往海上"，书《金冬心诗》横幅；其二，因胜泉"将回国，画此为别"的《墨虾》；其三是《寿猴》，题字说"辛未（1931）画，寄到必壬申（1932）矣"。回国后，胜泉还曾函订白石画作，如我曾见过一幅《三多图（石榴、佛手、寿桃）》，便是齐白石1932年为胜泉所画。

再看此照，齐白石拈须微笑，姿态俨然效仿古代文人。

齐白石像，辛未年（1931）四月七日签赠胜泉外吉

黎松庵

齐白石与黎松庵，约1931年秋冬之际

  这是齐白石和黎培銮（生于1870年）的合影。黎氏因喜松而号松庵，是齐白石早年的诗友，也是贵人。齐白石曾为他画过丈余大的《松》，足证二人交情。

  他们都是湖南湘潭人，但松庵出身望族，尤以培养出了大名鼎鼎的黎氏八骏而闻名。从齐白石的诗中可知早年二人的两件轶事，约发生在他30余岁时。其一是松庵曾对白石说：你若能一口气吃下一碗咸鱼，我就任你挑选一方我收藏的印章赠送；其二是松庵又说：你若能退着走过独木桥，我再送你一方印章。两次齐白石都赢了。齐白石发达之后，为黎氏所作画既多且精，还曾于1924年在琉璃厂淳菁阁为黎氏代售书法。

  这张合影是怎么回事呢？1931年，黎锦熙将父亲松庵接到了北京，期间和齐白石多有来往。这年五月，齐白石为杨仲子刻印"不知有汉"，边款中说：我刻得不算好，但脱离了汉人窠臼。然诸君不以为然，唯独松庵先生说"西施善颦，未闻东施见妒"。这年重阳，松庵向齐白石、"重九弟"等人邀约登高。因"九一八"爆发等事，齐白石并没有心情，然而故友邀请还是赴约了。他们登上了正在拆除的宣武门瓮城，白石老人赋诗两首表达时事与自况，并有诗注曰："其时东北失守，张学良主义无抵抗。"次日，齐白石致信张篁溪时还提及了此事。之后，他避难东交民巷，又作诗《十一月望后，避乱迁于东交民巷》。约在此后不久，黎松庵请客，齐白石再作《松庵席上，见壁间陈师曾遗画》，句云："我辈莫愁须饮酒，死生常事且开颜。"老人此际的心境可见一斑。

再看这张合影，根据二人的形象、着装、交集来看，约拍摄于1931年秋冬之际，或是在松庵离京赴沪之前。照片上的齐白石因年长而居左（照片中在右），与故友并坐，毫无拘束之感，和其它照片相比显得格外松弛。松庵何时离京不详，而在壬申年（1932）正月初十，齐白石致信黎锦熙时说：与令尊分别后，我给他连写三信，如今只收到一封回信。他到上海避乱，难道沪上能没有枪声吗？

再说齐、黎两氏，交情数代，绵延数十年，齐白石曾作诗《丙戌端午，旧友黎松庵之孙赠五丝缠臂，以句告松庵》，末句云："交得到儿孙。"而白石老人一生为黎家人作画、刻印数量众多，此处举二例：癸酉年（1933）二月，齐白石为松庵作四尺对裁《虾蟹》，题字曰："松庵老友先生万里函索，久未报，勿罪也。"最具代表性的是在1948年，松庵、锦熙父子八十、六十寿诞，白石画中堂《松鹤图》，作篆书对联"持山作寿；与佛同侪"为贺，二作皆堪称齐氏书画精品。

《齐白石画集》

在徐悲鸿的促成下，1932年7月，中华书局出版了《齐白石画集》。这是他的第二本画册，这张胸像就刊登其中，是我所见此照片最早露面之处。

这本画集的出版持续了一年多，徐悲鸿出力甚多，其间多次和齐白石、中华书局书信沟通。而在1931年12月2日，悲鸿致函中华书局的舒新城，信中规划了画册内容的顺序，第一条即"齐白石先生近影"。又综合其它资料推测，此照拍摄于1931年冬至1932年春。

在这本画集中，刊登了一幅齐白石戊辰年（1928）十二月第三次题字赠送徐悲鸿的大尺幅《松鹰图》。而在第二次题字时说，此画作于"四百零二甲子"，这是哪一年呢？此种纪年法即将一天算作一个干支，六十天即一个甲子，一年即六个甲子，四百零二甲子即67岁。然而，齐白石自称的67岁是哪一年，也着实令人头疼。按照1928年出版的《齐白石画册》中所言1925年64岁的话，67岁即在1928年。如今，此画已经流向拍卖市场，成交价格不菲。齐白石在第二次的题字中另含深意，请看本书《白石"山"翁》一文。

在画册出版后的1932年9月18日，徐悲鸿致信齐白石，慷慨激昂地说："您一定是名垂千古之人，要趁现在精力充沛，画上几百幅保存，将来我有能力时一定建一座画院陈列，让那些三百年来自傲的画家们看看（任伯年除外）。"此年，还因一事二人多次通信，即1934年将在德国柏林举办中国现代绘画展览会，徐悲鸿力推齐白石，请他准备一二十幅大画参展。而在徐氏的推荐下，1932年11月2日，

齐白石像，1931年冬至1932年春

宋子文聘请齐白石为"柏林中国美术展览会筹备委员会"委员。齐氏自称，这年蔡元培也曾来电话请他参展，当时因为心情不爽而不情愿，不过最后还是同意了。甚至到了1933年，徐悲鸿在欧洲时，还致信齐白石，叮嘱道：最近的佳作一定要为我留着！

李苦禅（一）

齐白石与李苦禅，约 1932 年春

1931年腊月，在杭州艺专教授国画的李苦禅回到了北京，并于次年春天南下。而在几年之间，李苦禅经常在杭州、北京、济南之间往来。根据他和老师齐白石的相貌、服饰等方面推测，这张合影约拍摄于1932年春天李苦禅返回杭州之前。

1919年，李苦禅来到北京；是年，齐白石定居北京。1922年，李苦禅考入北平艺专学习西画，但他更喜欢中国画，遂拜齐白石为师。关于拜师时间，我未见到确凿文献，李苦禅自称是在24岁，即1923年（阳历1899年出生，24岁即1923年，而他于1982年作文《回忆恩师白石翁二三事》中说是在26岁拜师，此即按阴历戊戌年［1898］出生计算，虚岁26岁还是1923年）。1930年代，齐白石曾有题画诗，感慨来京初期名声不响，苦禅却能拜自己为师；若苦禅攀附师门，应该拜在声名大噪的陈师曾门下。陈氏于1923年8月去世，所以拜师当在此前。而齐白石此诗，亦有怀念恩人陈师曾之意。

白石老人一生多次为苦禅作画、题画、刻印，不再赘述。而在几十年间，齐老师对苦禅的夸奖毫不吝啬，比如1928年在给中西画会第二次展览题词时，特意指出："苦禅之画，比前度展览大进，何其令吾辈真可畏！"苦禅对齐老师也是至尊至孝，他不是开门弟子，却是早年拜门且日后成大器者，几十年间又引荐多人拜入齐门，因此颇有大师哥的威望。比如在1933年底，齐白石为篆刻弟子罗祥止作《蒲苇双鱼》，题字中说：今年春天苦禅来告别时说：明天我要回杭州了，昨有蜀人想拜您为师，求我介绍，明日若有人持我的名片和介绍信求见，请给予接待。

杨仲子、凌文渊、汤定之

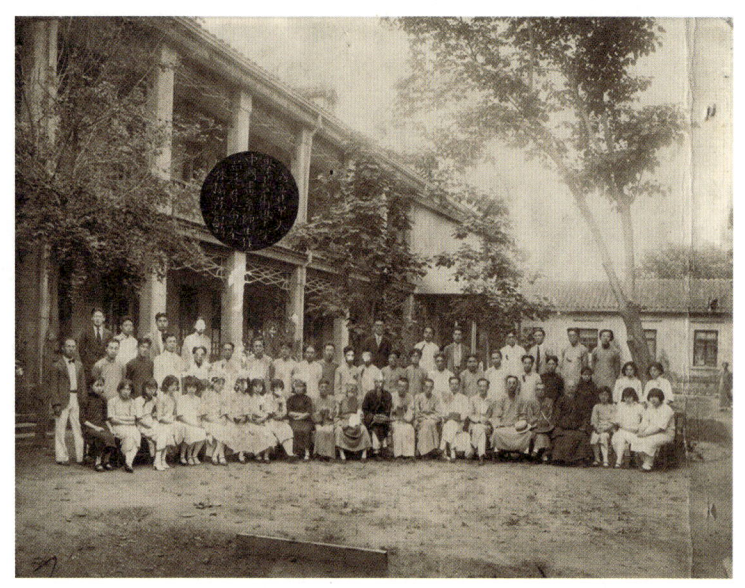

（男士前排左起）陈半丁、周肇祥、汤定之、徐燕孙、汤俊伯、吴镜汀、杨仲子、凌文渊、萧谦中、齐白石，1932年6月4日

  国立北平大学艺术学院即北平艺专，齐白石曾断断续续在此任教。照片上的洗印字体写明了此照拍摄于1932年"六月四日"（此处是阳历），还写着"国立北平大学艺术学院中国画系师生作品展览会全体摄影"。照片中，教师前排居中就坐，女学生分坐两侧。教师有齐白石、萧谦中、凌文渊、杨仲子、汤俊伯（心余）、徐燕孙、汤定之、周肇祥、陈半丁、吴镜汀……他们均与白石老人过从甚多。因为资料缺乏，学生中我不识一人，根据文献记载有吴瑞臻、王庆淮、毕颖之、杨淑贞。以下主要谈谈杨仲子、凌文渊与齐白石的交往。

在1937年之前，此校位于西城京畿道，在这张合影上校名还是"艺术学院"，而非"艺专"。而从1929年至1932年，该校经历了反复更名、停止招生、学生罢课、停办等风波。杨仲子就是在这种背景下，于1931年至1932年出任校长，同时教授器乐。杨氏有着良好的音乐、美术修养，曾在欧洲留学多年，学习音乐，归国后更加热衷于书法、国画、篆刻。

辛未年（1931）正月，白石老人应邀为杨氏刻印"见贤思齐"，边款中说：时下人心不古，而仲子先生的篆刻古工秀劲、殊能绝伦，人品也在他人之上，很是佩仰，刊刻此印，盖因先生曾经感慨人有高下之分。到了五月，齐白石又应邀刻印"不知有汉"，在边款中感慨自己的水平已经脱离汉人窠臼，然遭不屑；而仲子先生善于篆刻，却一再请自己刻印，可谓"知己有恩"（齐白石曾刻此印）。

是秋，杨仲子出任艺专校长，齐白石本不愿受聘，但最终还是同意了。关于此聘，现有两种文献记载：1931年9月21日，徐悲鸿致信齐白石，一说编辑《齐白石画集》之事，二请他支持仲子（悲鸿故交）的工作；当年九月，白石又为仲子刻印"海燕楼"（故宫藏），边款中云：仲子先生"不耐烦难"地请我任教，"真吾友也"！是冬，杨校长请齐白石作画，用于学校展馆的陈列。白石老人就画了一幅《水墨芭蕉》，但在次年春，他又在此画上题写了一行小字："悲鸿先生见之喜，移转赠之。"当然，这里不能狭隘地解读，也许他又为学校另作他画。

到了1932年秋，杨校长续聘齐老师时，齐白石犹恐学校风波不断，便退回了聘书。之后再次收到聘书，便再次退回。如此再三，他直接在聘书上写上"齐白石已于民国二十一年九月二十五日死去矣"后退回。当然，此事不能解读为齐、杨二人的交恶。

除了时局动荡导致学校内部的混乱外，齐白石和同事之间的关系不能不作考虑。虽然齐白石当时已经很有名气，但还是会遭到各种非议，比如有同事嘲笑他作画像"厨师刷灶"，也曾闻他课间一般不去教研室休息，而是在教室将就，"盖因回避同事，免生是非"。此闻不无道理——在多张有关学校的合影中，齐白石很少出现。也许是学校运营的艰难，从1932年11月开始，杨仲子坚持要求辞职，并于1933年6月完成交接。

再说凌文渊。他是画家、作家，曾官至代理财政部长，然而他却和布衣出身的齐白石交好。在这张合影拍摄之时，凌文渊是国画系主任，这也是二人唯一的同框照片。他们相识于1920年前后，一直往来至凌氏去世。齐白石为他作画、刻印甚多，比如辛未年（1931）正月刻"铁马道人"，甲戌年（1934）六月刻"隐峰居士""游戏"。窃以为最精彩的一枚是1922年冬天所刻"一代精神属花草"，边款中还刻了一首诗，有句云"一代精神属花草，凌王伶俐二陈乖"。"凌王""二陈"分别指凌文渊、王梦白、陈半丁、陈师曾。此诗先是题在了凌文渊所画的册页上，之后应凌氏之请又刻此印。

再讲一个故事。1932年秋，齐白石画了一幅《玉簪花》，题字说：前年凌文渊的朋友赠他栀子花，其后凌氏画之，大佳；我如今所画玉簪花乃弟子所赠，亦觉画得不错！

凌氏次女孝隐（生于1905年），曾拜齐白石为师。孝隐是一位颇有格调的画家，长于油画，1933年移居欧洲。而在1932年秋，齐老师为她画了一幅《梅花》。另有一幅齐白石为凌文渊的"女公子"所画的《菜类（白菜、香菇）》，看画风当在1930年代初期，题字中说：菜根的滋味官家是不知道的，独有我的朋友凌文渊先生知之。

再有，齐白石和汤定之的交集很多，此处仅谈一件趣事。约在

1930年，汤定之在女学生的手臂上画了兰花，齐白石因此戏题绝句，自称："七十老人狂态作，就君身上要题诗。"

哈路斯（比利时）、王代之、吴迪生、白永吉

（左起）陈伯早、哈路斯、齐白石、白永吉、邵君炯、魏伯尔、王代之、吴迪生。1932年11月26日《天津商报画刊》所刊合影

1932年11月26日，《天津商报画刊》上刊登了这张合影，乃比利时人哈路斯拜访齐白石时所拍。以下对主要人物作以简述。

哈路斯是文艺批评家，此际来华考察，报载他已经受到了胡适、梅兰芳、郑颖荪等人的接待，但查无此人，可能是人名音译不一所致。

陈伯早即陈绵，乃清末邮传部尚书陈璧第六子，1920年代末在巴黎学习戏剧导演，获博士学位。他在巴黎时与徐悲鸿交好，1932年暮春或之后，悲鸿为之画故宫古柏，齐白石曾在画上题字，赞美徐氏的画技。另见齐白石为他画《青蛙蝌蚪》，藏于北京荣宝斋。

王代之（生于1900年）是齐白石的湘潭老乡，两家人在北京住

得很近却不相识。1927年，白石为他画《墨虾》扇面，成为了二人相识之初的信物，画上的题字感谢了王代之的知遇之恩。王氏曾在巴黎学习西画；此次哈路斯拜访齐白石，或与之有关。归国后，王氏改画中国画，白石老人曾赞其画派韵高雅，迥与众殊，并作诗《题王代之〈瀑雨图〉》。王代之追随林风眠多年，北平艺专校长虽是林氏，但具体事宜则由王氏落实。1927年，齐白石被聘请到艺专任教，王代之就是实际推动者。1927年7月，林风眠辞去校长职务，南下南京；代之追随左右。约在1928年春，王代之致信李苦禅请齐白石代转，请苦禅到南京任美术学校教员。所言或为蔡元培创立的"大学院"下设的美术学校，即萌芽期的杭州艺专，该校在南京、上海筹划，杭州成立。事实上，在1927年，齐白石就给王代之写了一封公开信《与王代之书》发表于7月5日的《顺天时报》，情辞恳切地拒绝林、王的任教邀请。而在1933年中秋之后，齐白石为杨泊庐作诗题画，句云"见此峰峦忽惆怅，王郎极劝住西湖"，其中的"王郎"即指王代之。盖因他曾来函，请白石老人南下西湖美术院（即杭州国立艺专）任教，中国画专业才能"前途希望无量"。此外，1929年王氏曾将妻弟朱光宇带到北京，之后拜入齐门。

再谈吴迪生（生于1902年），他是齐白石的篆刻弟子，1927年经夏寿田介绍拜师。约在1927年至1928年间，因吴迪生欲求李苦禅画作，齐白石为其作介绍信，说吴生年少老成，所做印泥比西泠、漳州的都好，盖因吴氏曾得宫廷制法秘传。而吴氏斋号习苦斋、习斋，庚午年（1930）正月，齐白石为之画《习苦斋图》，1932年又刻印"习苦斋""习斋珍秘"。多年以来，师徒二人过从密切，齐师为之作画甚多，吴迪生则不遗余力宣传老师，不再赘述。

在这张合影中，还有吴迪生的新婚妻子邵君炯（生于1903年），或因吴氏的关系，京津各报上常有邵氏发布的艺文信息。有趣的是，在1932年1月26日的《北洋画报》上刊登了《吴迪生"尚未娶妻"》的长文，乃吴弟幼春奉母陈氏之命公开发文征婚，言语妙趣横生，颇值一读。关于邵氏的信息，所见不多。在1935年6月，来北京的叶浅予为邵君炯画过一幅毛笔头像速写，题字曰："迪生夫人饮酒有五台山鲁智深之勇。"不久之后，在《良友》画报为齐白石拍摄的专题照片中，可见吴氏夫妇在现场磨墨、牵纸。

最后说说白永吉。他是北京餐饮界八大楼之春华楼的掌柜，胡适、李石曾、钱玄同、张大千等名流都曾光顾春华楼，齐白石也不例外。而白氏雅好书画，与来宾多熟识，所藏张大千书画既多且精。再看这张合影的背景，推测就在春华楼。

张次溪

齐白石与张次溪（全身像），1932年，约秋冬之际签赠张次溪

张次溪（生于1909年）和齐白石相识于1920年，几十年间亦师亦友；他曾为白石老人执笔回忆录，即由老人口述。但因种种原因，书中所言多有与史实不符者，盖因一是老人误记或有意遮掩，二是张次溪的文学想象和误记。讲一个故事——甲戌年（1934）六月廿一日，齐白石致信张次溪说：你写的《甑屋记》（"甑屋"是齐白石的斋号）过于虚无，人必不信，王闿运的后人看到后可能会登报骂我，我将如何是好？我对你所言是听郭葆生说的，不一定属实；即便为真，也没有你的文章中所言那样虚谎！我要登报声明，以免王家人怪罪于我。所谓《甑屋记》，实为《王门三匠记》，发表于1934年刊发的《国学论衡》。

再看这帧全身合影。其上有齐白石1932年的题字，称张次溪为"门客""世兄"。在白石老人的笔下，"门客"就是授业但没有拜师的年轻人，区别于"门人（即弟子）"。老人有时也将门人称为门客；反之则鲜见。所谓"世"，是因老人与张父篁溪是故交，"兄"乃对下一辈的尊称，"世兄"之称谓是常见的敬词，此不废话。当然，齐白石有时也会称张次溪为"仁弟"，即以弟子看待。张氏是否拜师，我未见到确凿文献，民国的期刊报纸上倒说二人是师生关系。而在癸酉年（1933）八月十三，张次溪和徐肇琼（曼云）结婚，齐白石是证婚人，婚后肇琼拜白石老人为师。

看合影中的着装，约在秋冬之际，同期还拍了一张半身合影，曝光率最高，曾用于1965年张次溪出版的《白石老人自述》，图注称拍摄于袁崇焕故居。袁氏故居乃张篁溪购置，1931年夏、1933年秋，齐白石两度应邀小住，多年间经常来访。而在1932年前后，齐白石时常为张家人作画，比如壬申年（1932）六月为次溪画《双肇楼图》，癸酉年（1933）八月为次篁画《葛园耕隐图》。然而，精彩的画作背

齐白石与张次溪（半身像），1932年，约秋冬之际

后却另有隐情。壬申年（1932）九月十三，齐白石给张父写了一封诉苦信。其中说：我素来不爱给人画图（斋馆别业之类的画），润例单上写得很清楚，来北京十六年仅给雪庵和尚画过《不二草堂图》，"次溪世兄"年少多才，我才为他画图（《双肇楼图》），而他为我编辑《白石诗草》（八卷本，1933年元宵印成），每请人为诗集作诗，就代我答应以画图为报，如今我已经欠下四幅画债，不知何时才能完成！齐白石又言：你让我为"次篁世兄"画图，请让他再等等。最后，齐白石又来了个齐氏幽默：我一定能长寿，次篁还很年轻，以后有的是时间！

盛成、郑坚、邵可侣（法国）

盛成、郑坚、齐白石、李证刚、尹石公、寿石工、王德姒、郑成武、邵可侣、梁宗岱、叶审之、陈常玉等人合影，1933年1月19日

齐白石的文笔很好，但不善言辞，迎来送往、逢场作戏的事他并不待见。不过，随着声望和年龄的增长，他的确也做过几次场面上的事。

这是盛成、郑坚婚礼的合影，白石老人是证婚人，时在壬申年十二月廿四（1933年1月19日）下午三点，地点是北京西城锦什坊街油篓胡同杜若楼。1月20日至22日，天津的《大公报》上刊登的结婚启事中特意声明"恭请齐白石先生证婚"，又因为"国难期间，不克备礼"，所以婚礼十分简洁，其间留下了这张珍贵的合影。

齐白石之所以出席，原因之一是他和新娘郑坚（生于1905年）之父郑逸峰（芋芬）都是湘绮门下弟子，两家在北京又住得很近。如今只可见齐白石写了句早年的诗"两个命乖比翼鸟，一双蝴蝶可怜虫"以祝贺。猜测赠送的贺礼绝非这张小幅书法，而是另有画作，此作应是同期在其它机缘下书赠。齐白石所说的"命乖""可怜虫"，或指当时盛成的父母、郑坚的父亲均已亡故。关于这两句诗，如今还可见丙寅年（1926）二月所书篆书对联："两个命乖比翼鸟；一双心苦并蒂莲"。1946年，盛成将此作与齐白石1923年为郑逸峰所画四开山水、1936年为郑坚所画四开蔬果装裱成一册。为郑坚所作四画，如今只见三幅，所缺猜测为其上款一幅。

新郎盛成（生于1899年）字成中，婚前已在海内外文坛颇有声誉。他和白石老人也许是在婚礼之际初见，但在1931年冬天就有过交集。彼时盛母刚刚去世，徐悲鸿为之画像，或应悲鸿之请，齐白石题像赞，曰："盛族名门，此母遗真。古道复见，为子择邻。终身茹苦，怀荫后人。成也多才，无辜母恩。心伤寸草，血泣三春。"而在此之前，盛成的自传体小说《我的母亲》（法文版）大获成功，中文版后于1935年由中华书局出版，章太炎题签、徐悲鸿画像，书中还刊登了齐氏所作像赞的铅字版。

在这张合影上，除了一对新人和白石老人外，还有主婚人李证刚（盛成日后的老师）、尹石公（男方介绍人）、寿石工（女方介绍人），以及郑母王德姒、郑弟成武，友朋邵可侣、梁宗岱、叶审之、陈常玉。其中，以寿石工和齐白石的交情最厚，以下只讲一下邵可侣。

法国人雅克·邵可侣（生于1894年）在华任教多年，交际从徐悲鸿到巴金，不可谓不多。齐白石曾为他作画多幅，较早有1932年春画的《水墨雏鸡》，较晚有1947年画的《秋海棠》，但二人如何相识暂不可知。1939年，邵可侣和学生黄淑懿结婚，梅贻琦证婚，齐白石则作《荷花鸳鸯》为贺。据二人之女孙立先说，父母结婚时，齐白石经梅贻琦转交给父亲一封信，推测其中是一幅画，但如今只剩下了信封。此言不虚，在白石老人保存的邮寄收据中，确有一张1939年9月14日发往昆明东寺街花椒巷、梅贻琦转交张公馆的信单，言明了其中有一幅画。二人之间还有一件趣事——1938年，齐白石在邵可侣的扇子上画《荔枝》，落款之后再次题字抱怨："邵可侣君"这把扇子用了这么久，沾了汗才找我作画，"故不受墨色，强为之，不足雅观也"。并说此画是今秋停止作画（因为"抗战"爆发）后，再次提笔赠画。

不幸的是，郑坚于1938年香消玉殒。而盛成和白石老人的因缘还在继续。

病妾

(左起)胡宝珠、齐白石、齐良止,约1934年春

在这张照片上,少妻胡宝珠看上去格外稚嫩,有明显的孕身,而且略带病态,和满脸胡茬、面部丰润的"老夫"齐白石形成了强烈的对比。小女孩是他们的第三个女儿良止,出生于庚午年(1930),此时应三四岁大小。王森然在1935年的文章中说,良止经常钻到爸

爸的袍子下面捉迷藏；此照就能形象说明。宝珠所怀应是第四个儿子——良年，甲戌年三月初八（1934年4月21日）出生。综合推断，拍摄时间约在1934年早春。

而在此前几个月之内，胡宝珠的身体状况恶劣，70多岁的齐白石忧心忡忡。癸酉年（1933）十月初八，他刻了一枚"安得子孙宝之"的印章，却误刻成了"左旋"（印文从左往右看），边款中解释道："日来宝姬病作，吾心愁闷，行坐未安，只好刻印消愁。"同在十月，他还为宝珠刻印"齐白石妇"，三面边款上刻着胡氏的生平与贤惠，言外之意十分隐晦。此际，他在给张次溪的信中也诉苦：拙妾生病，请了三四个医生皆言无药可救，家里的五六个孩子谁来携抱，谁来制作四季衣裳，我万事心灰，请金松岑先生给我作传之事就此作罢吧！然而，此后齐白石很高兴地为凤荪老人画了一幅《秋菊蟋蟀图》（上海朵云轩藏），题字中说宝珠的病请了四五位医生，愈治愈危，正当死心之时，弟子杨我之（丙子年［1936］三月廿二日，齐白石为之结婚作《荷花鸳鸯》）介绍凤荪老人开了两方药，宝珠喝下二盅得效渐渐，今已愈矣。但是，剧情又发生了反转。齐白石又给日本医生盐泽作画表示感谢，题字中说：宝珠的病请了六七位中医都说是虚劳症，宝珠喝了一百多碗药也无济于事，反而病情加重，危在旦夕。如今在盐泽医师的治疗下逐渐向好，"今将生子也，感盐泽之见识，高出中医而能存心"。因此推测，三人的这张合影，是在胡宝珠病情转好之后所拍。

齐白石的一生，因为自己和家人生病，给医生作画不在少数，此不赘述。可怜的是，齐良年不到5岁便于1938年冬天夭折了。

《良友》

齐白石像，1934年7月15日《良友》刊登

　　齐白石的作品最早出现在《良友》画报上是1929年，刊登的是一幅小尺寸水墨《白菜雏鸡》。之后，因要参加柏林的展览，其作再次荣登《良友》。而到了1934年7月15日，画报上的"现代中国国画选之七"刊登了齐白石的《设色荷花》，既有汉字注释，又有简短的英文说明，且是作品、相片同刊。

　　此照应是《良友》驻北京摄影记者所摄，摆拍痕迹明显。齐白石手持折扇，眼睛和嘴角的表情微妙，充满着自信。在照片下方有一段汉字简历，年龄虚加了两岁，谎称74岁。而在这一年，齐白石曾作篆书对联"知足者常乐，能忍者自安"，落款中亦称74岁（多有学者误定此作为1936年）。

伊藤为雄（日本）

齐白石像，甲戌年（1934）七月签赠伊藤为雄

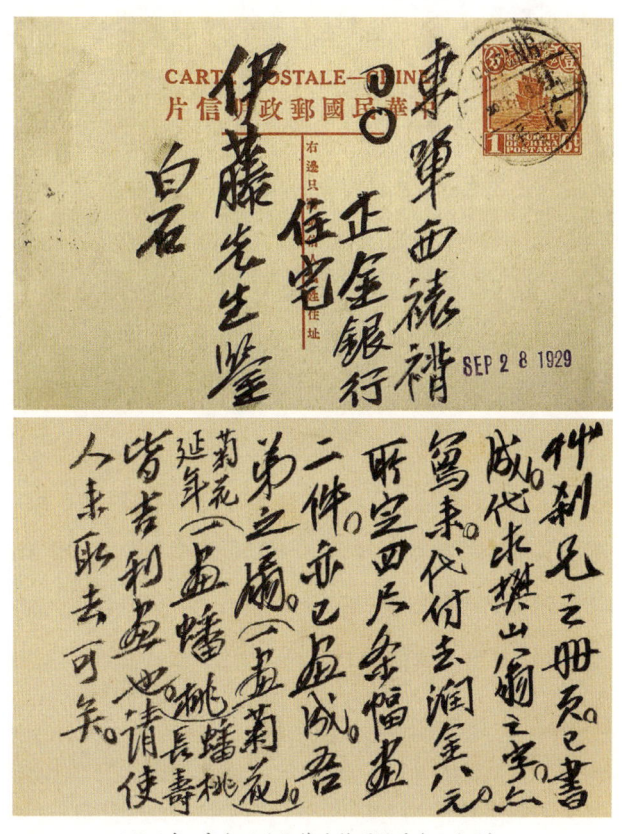

1934年，齐白石致伊藤为雄明信片（正反面）

这是容丽照相馆出品的精装款，约在1932年春节前后拍摄；甲戌年（1934）七月，日本人伊藤为雄将去大连，齐白石签赠为别。题字中说：伊藤先生是我的艺术知己，往来十四载，今日告别，"伤如之何"。而多年来，伊藤收藏了大量齐白石的作品，且今存大量齐氏致伊藤的信件。

1920年，伊藤为雄（生于1895年）来华，后任正金银行北京支行行长。齐白石就曾在正金银行存款，1933年因中日关系不和，又让伊藤帮他取出，声称两国关系缓和之后再存。

伊藤曾多次直接或间接为齐白石卖画，客户主要是日本人，比如田中德羲、草刹、酒井等。他还曾致信齐白石，请其鉴定在琉璃厂购买的齐氏画作，结果都是赝品。齐白石告诫他：贪图便宜买一头老牛，却不能耕地，犹如贪图便宜买假画，但一文不值。还有一次，齐白石在信中让伊藤叮嘱他的日本朋友，声称他们在琉璃厂买的齐氏画作多是赝品，并借用谚语云："一日卖得三担假，三日难买一担真。"甚至齐白石的两个女儿良怜（生于1927年）、良欢（生于1928年）的接生问题，都是请伊藤帮找日本医生，可见二人交往之密切。

他们之间还有一事非常值得一说。1931年，伊藤张罗为齐白石、林实馨拍摄了电影《丹青诀》，之后在日本放映，可惜今已无缘见到。关于此事，齐蒂尔在1931年4月12日给朋友的信中说，前天去拜访齐白石，见到几个日本人在拍摄电影，白石老人觉得非常有趣。

在华期间，伊藤主要活动于北京、大连、烟台之间，和齐白石的关系大约持续到1940年代，又因工作调动等原因，交往有疏有密。己卯年（1939）二月廿日，齐白石给已在烟台芝罘正金银行任职的伊藤为雄寄去了一幅画。之后某日，齐白石声称"此画已被王妈所偷"。而在齐白石保存的邮寄单据中，夹着一个他写的便条："寄画与伊藤弟之收据。若画未到，请将此收条寄还齐白石。"由此可见伊藤并未收到。而此便条未标注时间，夹在1938年6月的两个单据之间，所写内容，应指丢画之事。于是又画了一幅一平尺的斗方，请琉璃厂集萃山房经理周殿侯用平信代寄。至此，我忽然想到了齐白石在1932年写过的一则告示，说：此年将尽，我丢了一张五尺纸的《墨虾水草》，是谁偷的"我已明白了"。

中国最伟大的艺术家

齐白石像，1934年，约冬天，此照或由齐蒂尔拍摄

  这张齐白石的侧面胸像略含微笑，现存英国白教堂画廊；1933年、1934年，他的数十幅作品曾在此展览。此张侧面照和下文的正面照应是同时所拍，从背景来看是在齐家。在这张照片背后，齐蒂尔写着："74岁，中国最伟大的艺术家。"据说是齐蒂尔于1933年拍摄，但我推测在1934年冬天，原因有二：其一，按齐白石的算法，他的74岁是在1934年，原因请看本书《七十岁》一文。李苦禅是齐门的重要弟子，都不曾知道或泄露齐老师的真实年龄，齐蒂尔作为一个外国人更不太可能知道。其二，1934年，齐蒂尔在中国停留了很长时间，11月8日还从北京给国外的朋友写信。我暂时不能证明这年春天他在北京，遂暂定在冬天拍摄。

《人间世》

齐白先生近影

齐白石像，1935年2月20日《人间世》（第22期）刊登，此照或由齐蒂尔拍摄齐白石的照片多是表情哀苦，而这张露出了少有的微笑，应和上一张为同时所拍，一正一侧两张，而且拍得相当有水准，还可以到看他的门牙。

1935年2月20日，《人间世》杂志第22期面世，封二刊登了此照，图注是"齐白石先生近影"，因此推测拍摄于1934年冬天。杂志中的"今人志"专栏还刊登了笔名为"无病"的文章《齐白石》。而在1935年，人间世社又将历次刊登的今人志结集成《二十今人志》，其中还有吴宓、胡适、老舍、李叔同、刘半农、周作人、章太炎、梁漱溟、王国维等名流，齐白石的影响力由此可见一斑，绝非常言的如何"落寞"云云。

该杂志由林语堂主编，刊登齐白石的机缘无从得知。而白石老人曾为林氏刻印"林语堂"，作为1939年《立言画刊》第56期沈正元之文《记齐白石》的配图，同时还刊登了这张照片。在之后十几年间，此照被经常使用，甚至刊登于抗战时期日本人出版的《北京安内记》中，同登者还有叶恭绰、傅增湘、程砚秋、马衡、马连良等名流。

徐悲鸿、王青芳

这是我所见齐白石和徐悲鸿最早的合影，二者的缘起要从徐氏1935年到北京说起。

从2月2日（腊月廿九）到2月10日（正月初七），徐悲鸿在京停留了一周多，目的是给傅增湘画像。期间，他由齐门弟子吴迪生照料，这就增加了徐、齐的交往频率。据《京报》载，在徐悲鸿2月2日到京当晚，齐白石、杨仲子、王青芳等人在西长安街某饭店为之接风。2月5日，吴迪生促成了齐、徐合作《猫鼠图》，并被吴氏刊登于《北洋画报》。而在此际，齐白石还为悲鸿画了一幅十分生动的画，是三只老鼠打翻油灯的情景。到了2月8日，在北平文艺协会的操持下，徐悲鸿于艺文中学举办了一个小型画展，展品多是在京故友的旧藏。这天，在姬人胡宝珠、外孙媳邓柏云的陪同下，抱恙的齐白石早早地来到了现场，三人都签了到，但徐悲鸿还在傅家画像，所以白石老人一行之后先行离去。报载老人当天穿了一件崭新的大皮袍，声称是买画人付完画款之后所赠，共四件（齐佛来曾说，1934年底祖父寄回老家六件羊裘，分与三位亲家和三个儿媳，不知是否与此有关）。下午，徐悲鸿到场，身穿蓝色布袍，系白色绸巾，并发表了讲话。齐白石一行再次光临，可惜到时活动已经结束。不过，他又在签名册上题字道："齐璜去矣再来，谨观乎后。"

因为南京中央大学2月9日开课，所以徐悲鸿决定此日离京，但齐白石、吴迪生力邀其再留一日。因此在2月9日（正月初六），由吴氏做东，借齐家（甑屋）为悲鸿饯行，周作人、杨仲子、陈伯早、

(左起)周作人、陈伯早、吴迪生、齐白石、徐悲鸿、刘运筹、王青芳、杨仲子、刘梦云(上图缺此人),1935年2月9日

刘运筹（伯量）、王青芳、刘梦云（吴迪生弟子）应邀作陪，因此留下了这张合影，并刊登于《新天津画报》，名曰"名画家徐悲鸿日前归去，齐白石、吴迪生公宴于甋屋"。可惜报上把陈伯早误写成了"杨伯早"。当日，齐白石又在徐悲鸿的签名册上题写了一段赞美之词。他为何表现出了少有的热情呢？或因徐氏此前带着众位画家的作品在欧洲展销，而齐白石的画作既多且精，销售效果颇佳。关于此事，齐白石在1933年致姚石倩的信中曾说：徐悲鸿明年要去参加中德展览会，他只购买了我一人的画，有千元之多。

顺带说一下王青芳。他是齐白石的弟子，约在1920年代中期拜师，和白石老人相交二三十年。我所见的王氏照片多是侧仰，此不例外，个性可见一斑。然而，他的画风与齐老师迥异，似乎只有篆刻略取师法。就在合影的这年夏天，齐白石多次在李苦禅的画作上题字，青芳见而心生羡慕，也请老师在他画的马上题跋。齐老师题道：青芳此画学徐悲鸿，能得其神采，他下笔时一定得到了"悲鸿之魂"的助力。青芳看后很是开心。而在这年三月，齐老师还为之题签"王青芳印存"。

周作人

(左起)齐白石、徐悲鸿、周作人，1935年2月9日

1935年2月9日,众人在齐白石家为徐悲鸿饯行时,还拍摄了一张二人与周作人的合影。

周作人对齐白石很是欣赏,曾作文《齐白石画白菜》,其中说:齐氏的画作名贵,我收藏了两幅,横幅是熊君弄来的《墨虾》,竖幅是《水墨白菜》,不记得从何而来。就在这年春天,齐白石曾签赠《借山吟馆诗草》,上款称"作人先生清论",这里的"作人"即作家周作人。而画家吴作人此后也与白石老人稔熟,但二人初识于1946年,此际他还在欧洲留学。

此外,齐白石至少为周作人刻过两枚印章——"周作人"朱文、白文各一枚。1928年,周氏将印蜕寄给俞平伯,至少两次在信中与俞氏分享齐氏治印,很是得意。然而,周氏于艺文固然高明,却于抗战期间"落水"。1945年,《海风》上刊文《白石老人近况》,其中将齐、周进行比较,一褒一贬;如此文章当年还有多篇。

老夫、如妇

齐白石和胡宝珠，
1935年3月16日《天津商报画刊》刊登

　　齐白石和胡宝珠都身着华服，可见这是一次精心准备的照相。拍照的原因不详，但在数日之后，离家十年的齐白石带着宝珠回到了湖南老家探亲。而白石老人所坐椅子几十年间经常出镜，乃湘妃竹所制，靠背的椅腿顶端为铜帽，是他作画时的专属座位。

　　此照刊登于1935年3月16日的《天津商报画刊》，乃该报驻北京记者吴迪生赠刊，标题为"齐白石先生与姬人宝珠女士合影"，姬

·071·

人此处就是指"小老婆"。齐白石在此前后称之为如妇、宝姬、宝姨、宝、宝珠妹、宝君,而自称如夫、老夫、老兄。和原配相比,宝珠在齐白石的金石、书画、诗文生活中出现的频率颇高。甲戌年(1934)腊月,齐白石给宝珠画了一幅很精彩的《青蛙蝌蚪》,上款称"宝珠如妇",落款自称"老夫白石"。齐白石还为宝珠刻过多枚印章,如"齐宝珠""桂子""宝君""齐胡桂子""齐白石妇""光明""光明堂"等,边款中经常自称"老夫白石"。而在"桂子"一印的边款中,记录了胡宝珠父母兄妹的身世,以及根据宝珠记忆的自己是"偏头年生"、小名"桂子",齐白石推测她生于壬寅年(1902)八月。

截止1935年春,还不满33周岁的胡宝珠已为齐白石生下了良迟(翁子)、良已(迟迟)、良怜(大乖)、良欢(小乖或大小乖)、良止(小小乖)、良年(小翁子),以及约生于1932年(从王森然《乙亥记三百石印富翁》中推测)的不知名的第六女,约生于1933年一日即死的"非儿良平"。然而,他们的造人计划还在继续。

在齐白石的笔下,宝珠勤劳贤惠,甚至有"山姬带病相扶持"的感人之举,但也不尽然。1931年底,王缵绪赠给白石老人一个十多岁的婢女名叫寿华(亦名淑华),来为之磨墨、理纸,和老人的幼子们也相处愉快,颇得老人心思。然而好景不长,齐白石在给姚石倩的信中说,寿华"为拙而且蠢之贱妾占去侍内室矣"。

胡宝珠、邓柏云

(左起)胡宝珠、齐白石、邓柏云，
1935年，3月18日午后

在齐白石和胡宝珠的合影登报两天之后，乙亥年二月十四（1935年3月18日）午后，吴迪生又带着摄影师来到齐家拍下了此照。该照也被刊登在了《天津商报画刊》上，其中有吴迪生、王伯龙合作编辑的《白石山翁诗书画印专号》。

这张照片经常被剪裁掉邓柏云（白云）后使用。而邓氏何许人也？齐白石长女菊如之媳，一生多次来京，其名时常出现在白石笔下。此际，柏云请外祖父画《仕女》，但齐白石以久不画此题材而介绍邵逸轩来画，后于二月中旬为邵氏所作补画土坡，并题字纪事。

在这张合影中，胡宝珠在画《水墨雏鸡》，邓柏云在画《水墨螃蟹》，齐白石均在二人画作上题字，之后一并被刊登于《白石山翁诗书画印专号》。然而，一张看似温馨的照片中却埋藏着鲜为人知的故事。

从齐白石在宝珠画作上的题字可知，此次是因为吴迪生要向宝珠求画，所以请来摄影师拍照纪念。白石所言未必使人信服，而我突然想起了他于1937年所写的告示："凡吾门客，喜寻师母请安问好者，请莫再来。"胡宝珠年轻不假，但绝非貌美，吴迪生与此告示应该无关联，此告示可能是因为有人通过宝珠低价买到了齐白石的画作，他这样说或是为了防范未然。

再谈宝珠这幅《水墨雏鸡》的左下角盖着白石所刻"齐白石妇""桂子"两印。事实上，胡宝珠就是为齐白石代笔的嫌疑人之一，但宝珠之作仅局限于雏鸡、墨虾之类的画作。而齐白石题字的宝珠画作有多幅。1942年，他在《群虾图》上三次题字：第一次是夸赞宝珠所画可以乱真，非"真知予画者"不能鉴定真假；第二次是担心他人猜疑宝珠为自己代笔，所以让宝珠放弃作画，在画上题字乃是安慰"吾妻"（此年已经不是妾室）；第三次题字是夸赞所画笔飞墨舞，自己不能及，请儿子们珍藏。然而，在宝珠去世三年后的1946年，齐白石在宝珠画的《佛手老鼠》上题字说：可惜宝珠意志不坚，未学成便放弃了。题外，据闻此画乃齐门弟子娄师白所作，白石老人误认也。

邓柏云所画是临摹齐白石的《五蟹图》。她在左上角先题了"外祖"二字，或觉行文不妥，空格之后，又题："受业外孙媳邓柏云初作，时十四日午后。"之后钤的印"邓柏云"乃白石所刻，右下角另钤白石所刻"白石门客"印章。齐白石在此画上题字记事，虚岁七十三的他却谎称"七十又五矣"。邓柏云的画虽说是"初作"（齐白石之言），却天赋异禀，所以令外祖父刮目相看。1934年，邓柏云作《儿戏图》，上有齐白石十二月廿二的题字，乃他在卖画之前令柏云临摹以存稿，并夸赞柏云下笔老辣云云。他还曾给柏云示范过一套人物墨笔册页，题字说是留与柏云当作画稿。然而，邓柏云也是疑为齐白石的代笔人之一。1940年3月3日，《晨报》上刊文《现代艺人志：齐白石先生》，其中说齐白石的"甥媳"因受不了代笔的流言而返乡。此处的"甥媳"即指邓柏云，不再说明。因此推测，此次拍摄齐白石让柏云出镜绝非无意之举。关于邓柏云，请再看本书《邓柏云》一文。

《白石山翁诗书画印专号》上还刊登了一枚齐白石刻的印章"一家多事"，声称是为此次报道专门篆刻。何为"一家多事"？1933年，三子子如来北京，父亲为他刻此印，边款中说子如夫妇、女儿阿梅都能作画云云，如今第四次刊刻此印以自嘲。所以说，齐白石所说的"多事"并非"多事儿"，而是家中有多人从事绘画。此次，齐白石再次篆刻此印，且与三人合影同时登报，意在向外界展示家庭实力。

拍照后十多天，齐白石带着胡宝珠及良止、良年回乡探亲。据齐白石的《三百石印斋纪事》中言，柏云随侍赴湘，但在这张照片中柏云已有重孕在身，同行的可能性不大；事实上，邓柏云随侍是在1936年齐白石赴蜀，猜测是将两次混淆了。

张恨水、王伯龙

(左起)王伯龙、齐白石、张恨水，1935年6月23日

张恨水因为得罪了北京的某种"势力"，恰逢老友成舍我在沪创办《立报》，所以请他南下主持副刊。1935年6月23日下午4点，为欢送张恨水南下、唐槐秋赴武汉，并欢迎李苦禅、王伯龙来京——北京艺术界的活跃分子在中山公园组织了一场茶话会，到者百余人，白石老人在王青芳、吴迪生的陪同下到场。次日的《益世报》上描述了老人的出场："白夏布大褂，内着麻沙小褂，系左襟者，腰系荷包，手持雕翎羽扇，白髯及胸。"当日，魏守忠（齐白石曾为之刻姓名印）为老人和张恨水、王伯龙合摄一影，刊登在了7月23日的《天津商报画刊》上。照片上的齐白石手持的并非"雕翎羽扇"，就是一把芭蕉扇而已。当天到场者还有赛金花、齐如山、王森然、成舍我、王君异、杨君莉（白杨）、臧岚光、孙菊生等，齐白石为自己和胡宝珠签到后，又代赛金花签名"魏赵灵飞"。

王伯龙（生于1899年）和齐白石的交往我比较陌生，仅见齐为王刻印一枚。此际，他经常为《北洋画报》供稿，还为该报上的"齐白石专号"写过文章。张恨水则不然，他曾经创办北华美专，白石老人一度是校董，而该校的老师张丕振、张牧野等都曾是老人在京华美专任教时的学生。

此外，三人的合影裁掉王伯龙后，又被刊登于6月30日的《世界画报》（北京）。

王森然和叶浅予、梁白波

叶浅予（生于1907年）年少成名，和齐白石的交往集中在1949年之后，而他们初见是在1935年夏天。

约在4月25日，当红漫画家"王先生"叶浅予带着从菲律宾回来的年轻女漫画家"蜜蜂小姐"梁白波，从上海来到了北京。天津的《大公报》上报道说："叶浅予到北平之后，实在给了北平艺术界一种兴奋的感觉。"在北京期间，他们和王森然、吴迪生、王青芳等白石老人身边的熟人多次交往，某日在王森然家看到了老人所画《拜石图》后大为欢喜，请求带往拜见。王森然是在1925年因写吴昌硕传记与老人相识（应是李苦禅介绍），之后交往甚密。截止1935年老人为他所题各类字画已有百余幅之多，而他也多次为老人撰文，如《乙亥记三百石印富翁》等。此文中就记载了1935年夏，齐白石为王森然所画《拜石图》，题字曰："乙亥之夏，天日晴和，友人王君森然看余作画，成此幅以赠之。"齐白石的此类题材之作，我目前仅见王文农旧藏的娄师白题跋本和须磨弥吉郎旧藏本，然而这两个藏本是两种构图。"拜石"即米芾拜石，前者为米氏执笏拜石的形象（另有中央美院藏本），后者则将米芾换成了官帽和笏板，王森然所得不知为哪种版本。

5月29日离京之前，"在一个天朗气清，风和日暖的午后"，王森然又约上了吴迪生，与叶、梁同访白石老人。老人与叶、梁一见如故，谈论艺术甚欢。期间，浅予为白石老人画了一幅漫画头像，老人则为他作《松鹰图》，并为梁白波作《墨虾》。浅予还为四人在葡萄

齐白石像，
1935年5月，叶浅予拍摄

（左起）王森然、吴迪生、齐白石、梁白波，
1935年5月，叶浅予拍摄

藤下拍摄了此影，刊登于7月7日的《新天津画报》，该报称梁白波为"梁女士"。实际上，梁女士此际是叶的情人。叶浅予还为老人单独拍摄了一张站在葡萄藤架下看书的照片。老人一生多次在此待客、留影。另据5月28日《益世报》（天津）载，梁白波为了感谢白石老人赠画，还请老人吃虾，"以虾易虾"可谓艺林佳话。

顺带说一下齐家的葡萄架，实际上是葡萄、紫藤等藤蔓植物混种。在白石画室的西边有个小院，齐家叫南院或花院，白石老人很喜欢，葡萄架即在此处。他还曾致信黎锦熙问，你家的葡萄藤上架了吗，我家的还没有云云。而老人所画各种藤蔓互相穿插，抽象之美似乎无人企及。他曾言：我种植葡萄十五年之后，才懂得如何画藤，甚至说"画葫芦五十年始得成藤，花和尚圈梅花之说信然"。至于如何作画，齐白石曾说："画藤若真，不成藤矣。然欲乱不易，昔人画藤者皆去此病。"启功先生也曾转述过齐白石讲述吴昌硕画藤时的妙语：分明是种的像画的，而非画的像种的。在花院中还种了大量丝瓜，这不能不使人想到齐白石常画的丝瓜，如《三思图（三个丝瓜）》。

金石书画生活

在吴迪生的推动下，上海《良友》画报为齐白石作了专题报道，名为《齐白石先生的金石书画生活》，由驻京摄影师魏守忠掌机，拍摄了齐白石先生刻印、作画、盖印、题字、作书、读书、赏古、休息等一系列镜头。

刻印 齐白石不仅因其画而广为人知，同时，他还是一位开宗立派的篆刻大家。照片中所刻的这枚印章，尺寸并不小，但老人并未使用印床，可见其风采。当然，这也与他的印风直接相关。从不清晰的照片上隐约可见印面上有墨稿，有多人记载，白石老人刻印以不打墨稿居多，事实上早期是打稿的，1930年代后逐渐减少，但并非绝对，要根据所刻印章是朱文还是白文，以及大小来定。

作画 老夫作画，少妻研墨——红袖添香的生活也是齐白石的追求。此际，胡宝珠画了一幅《葫芦》扇面，觉得不佳，本欲撕掉，但在"六月中，天将雨"时，"老夫白石翁"在另面题字纪事，称赞画得不错，题了字之后"宝必喜"。此作而今尚存，水平颇可一观。

齐白石手持大号羊毫笔，欲画大片的荷叶。他在画中经常题字"一挥"，实则行笔很慢，所谓"一挥"只是意象。比如这幅荷花作品，荷叶都是一笔压着一笔写出来的，绝不是张牙舞爪而成。荷叶画好后，改用小笔点杆。而在去年，《良友》上刊登的齐白石画作也是一幅荷花。

盖印 他拿着印泥盒，是为了让印泥受色均匀，这也是讲究的印人的习惯。

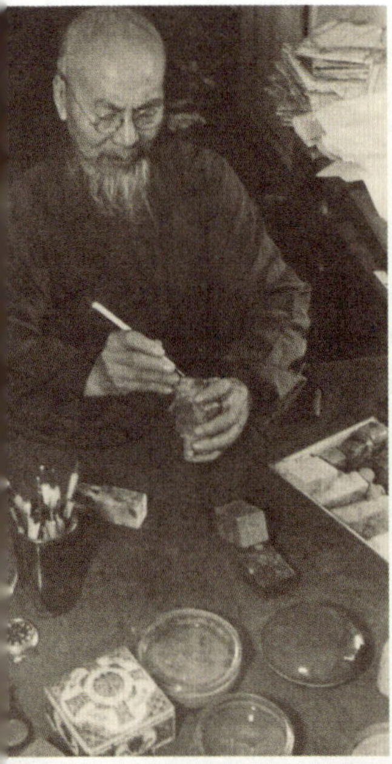
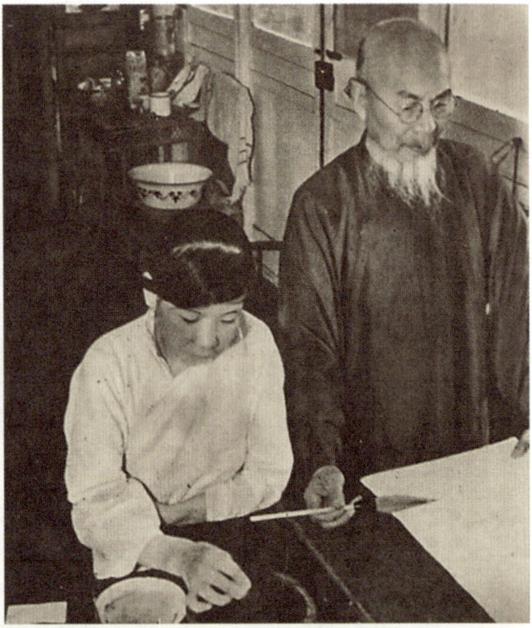
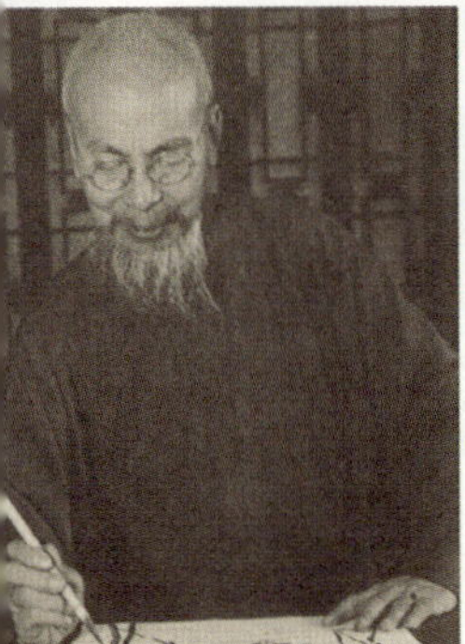
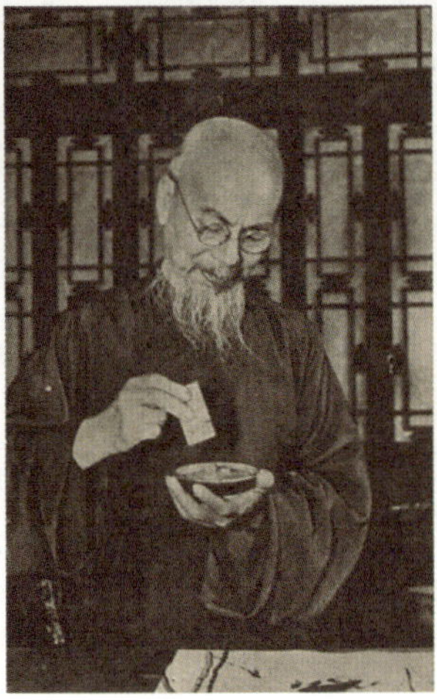
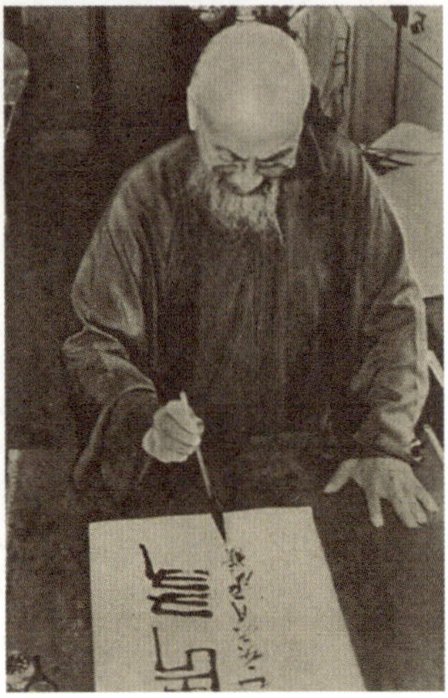

齐白石刻印、作画、盖印、题字、作书、读书、录诗、习古、纳凉,乙亥年(1935)六月中下旬,魏守忠拍摄,研墨者为胡宝珠,四人合影中另有吴迪生、邵君炯夫妇和齐良迟

题字 篆书题字"良友",落款时间是乙亥年(1935)六月。

作书 在此镜头中,由吴迪生牵纸,吴妻邵君炯在侧,小孩是齐良迟。所书可见"月长圆"三个篆字,推测是"月圆人寿"之类的吉语。齐白石的书法早年学何绍基、金冬心、八大,都不成熟,而后来的篆书得益于《天发神谶碑》《祀三公山碑》,楷书源自《曹子建碑》,算是有所突破。

读书 因为是炎炎夏日,齐白石又换了一件白色长衫,开始摆拍,在这张侧面读书照中,他显得十分儒雅。忽忆他曾画的《读书图》,题字曰:"相君之貌,一色可憎;相君之行,百事无能。若问所读何书,答曰《道经》。"墙上挂着本月自题的斋号"借山吟馆",并未装裱,直接用图钉按在了墙上,推测是为拍摄特意书写的。1904年,齐白石还在老家时就启用了"借山馆"斋号,后来加上了一个吟诗的"吟"字,意在彰显主人的志趣。背景的桌子上放着1931年徐悲鸿为齐白石所作油画像,据齐良迟记载那是一幅坐在椅子上的半身像。

录诗 这是在整理、抄录诗文。相对书画而言,诗在旧时文人心中的地位要高出许多,齐白石也不例外,他曾在自我审视时说:在我的诗、书、画、印中,诗最佳。他一生作诗无数,此际已经刊刻诗集《借山吟馆诗草》(八卷本)和《白石诗草》,另有轶诗不计其数。

习古 这个镜头是在欣赏金石碑帖。齐白石一生基本上不喜收藏,遇到好的金石字画都是理解消化即可。

纳凉 这张袒胸露乳、手持蒲扇纳凉的写真照,看上去似与乡间老农、胡同大爷无异,与之前文质彬彬的长衫照形成了鲜明对比。如此大开大放、大俗大雅的态度,令人想起了"东床快婿"王羲之,又想起了齐白石画的工笔草虫——精细到可见微毫,写粗枝大叶则不拘小节。王森然曾在此年(1935年)说:齐白石说话的声音很高,不熟悉的人还以为是在吵架；夏天经常光着胳膊，系着很厚、很宽的腰带，光着脚丫。你再看——为什么齐白石的一只脚是趿着鞋呢？仅仅是因为天气炎热？请看后续《拄拐》一文。

长衫

齐白石像两帧，约乙亥年（1935）六月中下旬，或为魏守忠拍摄

  这两张齐白石的照片应是同时段所拍，地点是在齐家，推测可能为1930年代中期所摄，若更细致地推测则可能是在1935年或1936年。身上的长衫应是在春夏之交或夏秋之际所穿，然而1936年，此际的齐白石在四川，所以暂定拍摄于1935年。我又突然意识到，两张照片和上文《良友》画报中的齐白石在气质、服饰上都很近似，因此推断可能是当日同时所摄，前后共12张，即一卷胶卷。

拄拐

齐白石胸像，1935年秋，郑景康拍摄

1955年秋，郑景康为白石老人拍摄了一张胸像，成为老人一生出境率最高的照片，而郑氏初次为老人照相是在1935年秋。

郑景康（生于1904年）乃郑观应之子，1935年已在摄影界小有名气。这年秋天，他在离京赴沪之前，经王森然介绍拜访了齐白石。当天的阳光很好，郑氏拍了12张照片，之后全部赠送给老人，老人则画了一幅《墨虾》回报。次年，这张胸像刊登在了《良友》画报上，同版还有郑氏所拍的陈三立、赵望云、刘宝全、郝寿臣、张大千、王悦之、唐槐秋等名流。

我突然心生疑问：齐白石此时虽已年过七旬，但不曾拄拐，而这张照片上的他身体右倾、右手拄长拐，神情哀苦，这是为何？

据齐门弟子娄师白回忆，1934年夏，北京盗匪猖獗，齐老师请他和父亲娄德美为画室（画室、卧室、餐厅"三位一体"）四周安装了铁栅栏，高出房檐儿很多，父子俩前后忙碌三月有余，此即白石老人画中常题的"铁栅屋""铁屋"。这让我想到了契诃夫的《装在套子里的人》。然而，齐白石并非是在自我束缚，而是独立思考，正如他的做人、作画。福兮祸之所伏，乙亥年六月初四（1935年7月4日）寅时（凌晨3点至5点），老人听到院中狗吠不止，起身怒而逐之，出门时被铁栅栏的斜撑绊倒，摔伤了左腿。令人虚惊的是，面前原本还有一个铁凳，幸亏几天前被胡宝珠搬走了。这就是齐白石左脚趿着鞋的那张照片背后的故事了，而在齐白石疗伤期间，"着衣纳履，宝珠能尽殷勤"。齐白石说自己险些致残，"百日始康复"，亲历者齐良迟则说，他们闻声而出，将父亲抬到床上，请了按摩大夫每天治疗，几日后便可缓步了。关于此事，齐白石曾致信告知张次溪、姚石倩等熟人，也曾为此作诗、题画。不过，齐白石曾说从这年开始，他的身体出现衰老的迹象：先是右臂疼，后是右腿，最可怕的是头晕。

此外，齐白石还曾刻过一枚自用印"跛翁虎尾"，有学者称此文乃自嘲摔倒后的滑稽之态，然不足信也。

郑景康

齐白石全身像，1935年秋，郑景康拍摄

  1935年秋，郑景康为齐白石拍照12张，并将其一放大至三尺（尺寸记载不一）赠送老人，或即此照。

  在这张照片上，齐白石身穿棉袍，目视前方，右手拄着一根笔直的竹杖，此杖区别于十年后那根著名的漆红藤杖。然而，王森然曾作文说，在周维善、郑景康拜访之后，老人在画室放了一则告示，内容是："凡与我照像、画像者，彼此爱惜光阴，今后盖不招待。"此告示今已不存，但可见1940年所书的三则"绝止"告示，其一便是"绝止照相"。周维善是漫画家，为齐白石画的像我不曾见到，但可见齐氏回赠的一幅《三窃图（东方朔偷桃）》，画于五月初五。与郑景康所得《墨虾》相比，此作如今的市场价格要高出很多。事实上，齐白石的所谓不照相，并非厌恶照相，更非害怕摄走魂魄之类的歪邪之说，实为他是卖画为生，每次照了相，势必要以一张画回礼，以市场价格衡量，不划算——甚至有人钻过这个空子。窃以为王森然所言只是大概的时间界限而已，并非针对郑、周二氏。

1941年，白石老人又公布了一个更为复杂的告示——也有"不照相"一条，但以小字说出了另一个原因，即有人借着照相、合影，在国外展卖他的假画。早在1926年，齐白石就在《顺天时报》上刊登了一则《齐白石之画伪本可拍》的声明；而约在1939年，齐白石就曾有诗《友人由巴黎归，见有画会皆吾一人伪作》。题外话，齐白石曾说：我的画，从铁栅屋中出来的，才是真迹。而为了防伪，他还设计了在画角钤盖钢印，或钤盖指纹印（印面只有框边，框内另按指纹），或"白石"二字变换不同写法（比如"石"字中的"口"或顺、逆时针圈圈儿，或写成矩形）等，但这些防伪方式很快都被破解了。

邓柏云

(左起)邓柏云怀抱邓铁生，(不识)、齐良止、胡宝珠、齐白石，1935年冬

考证总是一个不断接近真相，但又反复否定的过程，比如对这张合影的研究。

我最早面对此照时一头雾水：最好认出的是齐白石、胡宝珠；左二的妇女，刚开始模糊认为是齐良迟的新婚妻子纪钜宝（白石赐名碧环）——1938年（戊寅）4月16日，二人的婚礼在忠信堂饭庄举行。因为抗战爆发，仪式操办低调，据《盛京时报》载，当时，齐白石有四个原则：无请柬，亲人届时吃饭即可；不收受贺礼；不许转告他人；不许登报。10月26日，此报上还刊登了"齐白石声明不再卖画，并不准来人打门"的信息，文中声称齐家大门上贴有告示"戊寅六月本宅停止售画"。从目前尚能见到的画作来看，齐白石约从七月开始停止卖画，但他并未停止作画。

然而，我未找到彼时纪钜宝的照片，因此不能断定是她。我又意识到小女孩是齐良止（生于1930年）——五六岁的模样，推测在1935年或1936年。但这和齐良迟结婚的时间发生了错位，所以至少有一个推测是错的。

抱孩子的女人是谁呢？一开始我就意识到是齐白石的外孙媳邓柏云（丈夫邓平山）。我甚至一度在考证邓氏夫妇子女的出生日期，模糊地知道有一个儿子叫邓桐生，生于1938年。若是准确，则与齐良迟的结婚时间吻合，合影即拍摄于1938年。但是，再看齐白石和齐良止的相貌，和同期其它照片相比明显不吻合，显然都要小几岁。无意间，我又重审了1935年3月18日齐白石、胡宝珠、邓柏云的合影（《胡宝珠、邓柏云》一文），发现柏云有明显孕身。而在这张照片上，所抱婴儿约半岁，因此基本断定两张照片拍摄时间不远。同时，我看到一份官司的资料，其中显示邓桐生有个哥哥叫铁生，1935年3月9日出生。顿时，我断定这张合影就拍摄于1935年冬。之后我又发现了一个细节：两张照片上，齐白石戴着同一顶帽子，只是一张照片是在春天，一张在冬天，而这顶帽子在之后的照片中再未出现。想来我原先认定的左二妇女并非纪钜宝，究竟何人留存待考。

在这张合影上，我最感兴趣的人是邓柏云——1934年陪着外祖父齐白石去北平艺专，上课时"梳着乡下样的大圆头"的女侍者。她曾多次出现在齐白石的诗文、书画、篆刻中。出于好奇，以下对她的家庭，即白石长女家的人物关系作了简单梳理——

齐白石长女菊如，1883年生，出嫁时父亲尚未发迹，由于夫家贫苦，所以常年依附于老父。菊如嫁邓思义，而1909年思义曾随岳父重游岭南。公公邓有光是乡间医生，1912年齐白石曾为之画像。菊如有四子一女，四子为金山、学圣、丙元、春元，女儿不详。"金山""学圣"都曾出现在齐白石笔下,而我猜测学圣就是邓平山,"平山"更是常见于白石笔端。

齐白石的同乡后辈马璧曾说,菊如能作画,善画美女,此言不虚。白石老人曾刻"齐菊如""白石长女"印章,应是用于书画;也曾于1936年初秋,在成都为之画《蝴蝶兰蜜蜂》扇面(北京荣宝斋藏)。而在扇子另一面,是齐白石自书自诗(北京文物公司藏),曰:"不辞远道别湘南,万里来分膝下甘。厨下羹汤床上药,始知生女胜生男。菊如长女五十岁后始来故都,事父已越四年,感得二十八字慰之。"而在1932年,齐白石在给姚石倩的信中说:菊如去年来京不到两月,就经历了"丧夫死子殇孙……八口之家,仅剩三人",她提出让寿华作她的儿媳(给哪一个儿子暂不可知),我只好"欣然许之,以塞其悲"。寿华就是姚石倩的上司王缵绪赠齐白石的婢女,用来研墨理纸,1931年底从蜀来京;但寿华听说菊如家在农村,劳作辛苦后便逃走了。

至少在1933年上半年,邓柏云已经从四川来到了北京,由姚石倩借予旅费。这年,齐白石在给姚石倩的信中说:柏云来京作客,人甚勤快,两次给平山写信均未回复……齐门弟子刘淑度也曾说,1933年她和邓柏云、周君素等人,帮老师拓过《白石印草》。

甲戌年(1934)九月十八,齐白石刻印"我负人人当负我",边款中云:柏云说要回老家,送我两枚印石为别。同年十二月廿二,白石老人在邓柏云勾临的《儿戏图》上题字记事,也许是柏云未能成行,也许仅是在此时题字而已。

丙子年(1936)闰三月,齐白石游蜀,邓柏云随行,临行前外祖父曾为她画《松鼠》,题诗句云:"三载殷勤侍长尊,戚疏久处更相亲。"而菊如、平山母子留守北京。齐白石并委托娄师白帮忙看家,在蜀期间多次致信师白、平山。五月廿六，齐老师在给师白的信中说："奶妈日来又下工钱否？尽其工钱日满，即行退去之，另雇一人。"所言盖因邓柏云的儿子铁生留在了北京。另外，齐白石在《蜀游杂记》中还记录了六月廿九王缵绪的夫人请宝珠、柏云喝酒之事。

而从1936年9月5日的齐白石游蜀归来之日起（他的《丙子杂记》中记录了"平山两口子去画数"），即从此开始，每月赠送邓平山、邓柏云夫妇一幅画：28日给《羊柳图》（29日赠邓平山衣料未受，求以画《兰》相抵，又画的《双鸭》被强行要走，但齐白石又将此画记录圈掉，批注：白石自批消），10月5日给《蓼花竹鸡图》，11月5日给一幅画（无画名），12月5日给《芭蕉》。在此记录的下一页，还有平山或者柏云所书收画记录，言明从9月到12月共收到赠画4幅。如此行事风格，真可谓"白石家风"（齐白石首刻此印）！从1937年开始，每月还是赠画一幅，小夫妇领取时直接写上某月"承赠，收"之类的字样，不再写明画名；1937年，夫妇俩共收到赠画12幅，因此推测，他们一直住在齐家。之所以赠画，推测是二人在京帮助外祖父做事，比如丙子年（1936）八月，齐白石记载有（平山）帮存款、取款、邮寄物品。

从1939年9月2日起，《立言画刊》上连载《白石老人诗文钞》，其一名曰《代白云作（白云，外甥妇也）》，大概意思是邓柏云客居北京，闻母亲故去，如何伤心。从中还可知，邓柏云是四川人，而非湖南人。

国立北平艺专

(第一排左起)王艺、陆玉珍、吴咏香、陆兰淑、齐白石、萧琼、崔金荣、萧秋华、杨秀珍。虽然有《国立北平艺专一九三七年毕业纪念册》中的照片可以对照,但一一对应男生还是比较困难,确定的有董金如(二排左一)、陈隽甫(二排左五)、贾树德(二排左六)、杨云龙(二排左八)、张文盛(三排左一)、石谷风(三排左二)、刘琛(三排左二)、刘德治(三排左三)、卢光照(三排左七),丙子年(1936)闰三月初七之前

1936年春，齐白石因蜀游，有过多次饯行宴，目前可见两张留影，其一是和国立北平艺专国画组的学生——这可能是一次自发的活动，时在闰三月初七，齐老师离京游蜀之前。

1933年4月，齐白石应校长严智开（严修之子）之请再次到艺专任教，直到1937年4月离任。上一任校长杨仲子曾请齐白石作画陈列于展览室（不知画否），而在1935年春，其作《松鹰图》参加了学校举办的教授作品展览会，严校长看到后就请齐老师将此作捐赠学校，永久陈列。齐老师在此期间上课的情形，在笔名"斐西"者于1934年发表的文章《齐白石之女侍者》中描述得煽情又幽默，尤其是两位女侍者："短发穿半旧衣服"者应是副室胡宝珠；穿旧衣服、裙下一双金莲、梳着"乡下样的大圆头"者，应是外孙媳邓柏云。此外，上课时的情形还可见杨秀珍、石谷风、王令闻等学生的回忆文章。

在这张合影中有学生25人，其中女生8人分坐在齐老师两侧，男生全部站后排。这使我想到了王森然在1935年的文章中所说，白石老人对于"女弟子求画，无不应，且多精作"。根据《国立北平艺专一九三七年毕业纪念册》可知，合影中有杨秀珍、萧秌华、萧重华（萧琼）、卢光照、刘琢（玉初）、雒达（依道）、吴咏香等。其中多数学生和齐老师都有着较为亲密的关系，老师常为之作画或题画。

先讲3位男学生。1937年，谢时尼、雒达、卢光照出版了《三友合集》，齐老师为之题写书名并作序，书中还有多幅齐师题字的画作。1935年，谢时尼临摹了一幅明代人画的公鸡，齐师觉得"殊有别致"，想要又不敢夺爱，于是临摹了一幅，并题字自夸赞道：我今年都75岁了（实为72周岁）还在临摹学生的画，可谓虚心也！

再讲3位女学生。前两位是一对亲姐妹，齐白石的老朋友、大名医萧龙友的女儿萧秋华、萧重华（生于1916年）。她们的同学石谷风曾回忆，上课时，齐老师走到重华面前，捏了捏她的小脸蛋儿问："你爸呢？""去天津了。""过几天我去看他。"石谷风所言不虚也！1934年秋，她们入艺专的第一个学期，齐老师给秋华画了一幅《秋菊鹌鹑》，而在给学生们课堂示范螃蟹后，题款送给了重华（上有萧龙友题字）。约在此年，齐老师还在萧琼临摹的《公鸡》上题字："重华女弟用笔不似闺秀，殊可喜也！"又在《瓜蔬图》上题："重华女弟子画笔重大，非描摹之一流所为也！"1936年冬，齐白石在秋华画的《玉兰公鸡》上题"春声"，1940年又为之画《水族》并题字："秋华女弟远游吉利。"重华就是萧琼，后来嫁给了大名鼎鼎的蒋兆和，据说齐老师是媒人，但无明确记载，推测是证婚人。兆和与白石老人相识于1935年，先后为老人塑像、画像，老人也多次为他的画展题词助力。

第三位是杨秀珍。齐白石对她很关照，作画、题字、刻印、写润例、促成画展等均不在话下。她对齐老师也十分关心，曾委托去四川的中学同学窦珍茹（邓广铭前妻）为老师购买冬虫夏草之类的保健品。这里讲一件好玩的事：齐白石曾画了两只螃蟹和一条小鱼，题字说这是女弟子杨秀珍包画的纸，扔掉可惜，涂抹几笔送给她。然而，齐老师又在画上题字说：此纸上原有"横斜四字"，请不要裁去。四个字是什么呢？"杨""王长青"。

另外还有多件师生之间的信物，不再一一赘述。而齐白石在蜀游期间曾请娄师白代课，离京之前还将一枚"齐白石"印章交给了长女菊如，请代取"美术校"薪水。到达成都后，王缵绪对记者说，齐白石在北京每周上课两小时，月薪三百元，所言真假待考。9月5日，齐白石还京。9月14日，艺专开学，齐白石、溥心畬、王雪涛、汪采白、吴镜汀、吴光宇为国画组教师。因为艺专是三年制，所以在1937年的毕业合影上，自然没有已经离校的齐白石，只有黄宾虹、溥心畬等名师。而在毕业纪念册的扉页刊登了齐老师的篆书题字"面真手妙"，册中还刊登了他的头像照片（即《李苦禅（二）》一文和苦禅合影中的头像）。1937年6月，新校长赵畸（太侔）续聘齐白石，为期一年，但未受。抗战期间，北平艺专南迁，尚有部分留京，即北平临时大学第八分班，而白石老人未曾任教。

胡佩衡、杨泊庐、蔡礼、刘延涛

(左起)杨泊庐、蔡礼、齐白石、刘延涛、胡佩衡,丙子年(1936)闰三月初七之前,刊登于《北晨画报》1936年第8卷第3期

这是胡佩衡、杨泊庐、蔡礼、刘延涛和齐白石在闰三月初七齐白石离京游蜀之前的合影,"老齐郎"气场十足。

胡佩衡是山水画家,同时是齐白石的经纪人。二人通过陈师曾相识,数十年来,亦师亦友,胡氏还参与了齐家的大小事务,其子胡橐并拜白石为师。齐白石为他作画众多,就在此际还画《墨荷》赠别,收录于胡氏父子合著的《齐白石画法与欣赏》。此书虽非鸿篇巨著,却生动简练,是研究白石老人的重要文献。

在齐白石的书画生涯中,与杨泊庐(生于1894年)、赵启明夫妇往来甚密。杨氏名溥,号泊庐,斋号百石斋,表面上是指拥有百枚名贵的印石，然似与齐白石相关——"百石"的谐音就是白石。1922年，他拜入齐门，专攻山水，但画风不似乃师，而是师法石涛。事实上，齐白石与杨氏一直亦师亦友。他还是我国第一代律师，当过县长，有腔调、有风骨。也曾和齐白石单独合影，二人都题了字，可惜下落不明。齐白石为夫妇二人作画、题画、刻印、书信既多且精，譬如在白石老人游蜀归来的丙子年（1936）九月中旬画的《松山画屋图》。而在1928年秋天的某日，杨泊庐因赴黑龙江上任，去和齐白石告别。当时，齐氏正"与农器交与儿孙"，未作饯别，所以在这年冬天，他画了一幅《雨后云烟》寄赠杨氏（后被作家老舍收藏），同时还附上了一封信，时间是十月初七。而所谓的"与农器交与儿孙"，齐白石在信中说当时正在和儿子们分家，大生烦恼。关于杨泊庐，另见《齐良已》一文。

蔡礼也是律师，和书画界人士往来颇多，与齐白石的关系貌似生疏，实则不然。齐氏为之作画，上款都题其字"韪依"，目前可见多幅，如首都博物馆所藏《三子图》等，不再细说。关于蔡礼的生年我未查到，但在一幅白石老人的赠画中找到了答案。此画即1937年所作《三子图》，一公一母两鸡及三只雏鸡，题字说韪依仁弟生于己酉（1909年，鸡年），所以画此祝其多子。而在丙子年1936的二月初二和十一月初七，齐白石两次手写聘书，聘请"蔡礼（韪依）大律师为白石常年法律顾问，保障一切法益，及办理法律事件"。此次为何事暂不可知，而蔡氏曾多次为齐家打官司，比如1944年齐家和五星如之间的租赁之事。此外，在1938年的《立言画刊》上连载了《白石老人诗文钞》，推荐人即蔡礼，他在按语中自称是齐白石的门人。次年，此报上还刊登了齐白石所刻两枚印"蔡礼之印""韪依"。

刘延涛（生于1908年）是于右任的秘书，和齐白石的交集我未查到明确记载，传闻也模棱两可。目前仅见到此年齐氏为之所作书幅，像是"急就章"，内容为一句旧作："芍药有思称作相，芙蓉无福唤为奴。"

关于这次饯行并无其它记载，但在4月20日的《实报》上有一则消息："画家齐白石日内赴成都，半年后始能归来，弟子辈昨为饯行。"此文乃应邀参加饯行宴的记者所写，所言无实质性内容，但说齐白石在席间称赞道，在他的弟子中，李苦禅、王铸九最有前途。并当场收下女服务员王秀杰为弟子——然在齐门弟子中查无此人，应是逢场作戏。

金永基（韩国）

齐白石和金永基，丙子年（1936）闰三月初七之前

齐白石竟然还有一个朝鲜（今韩国）弟子，名叫金永基（生于1911年），号青冈，后改号晴江。金氏在白石老人笔下鲜有记载，但他却是齐氏艺术在朝鲜推广的第一人。

据金氏言，这张合影是在1936年初夏，他带着照相馆的师傅到齐家拍摄的。所言应在闰三月初七齐白石离京之前。之所以选择此时合影，盖因半年后齐老师回京时，金氏当已毕业归国。然而，在金永基出版的书中，此照也有1935年拍摄之说。

金永基之父是著名画家金圭镇（生于1868年），号海冈，早年曾来华游历。1932年春，金永基来华（但白石曾为之刻印，说是在夏天），未久，便在于朝鲜结识的中国赵姓友人的带领下走进了齐白石的家，并呈上了父亲的信函和三幅画作。当日，齐白石题赠金永基《三多图》，又题赠金父《蔬果图》，金氏说是由一个十五六岁的小女孩盖章。

1933年，金永基考入辅仁大学美术系（良迟、良已日后也在此就读），学制三年。他是否拜师或如何拜师，我无从考证，但他经常在周六下午到齐家学画，并受到了格外优待，比如齐老师多次为他改画、示范，所以金氏保存了很多画稿。1937年，齐老师为金氏刻印"余住扬州梨花盛开处"，在边款中称呼金永基为"门客"。而在齐白石的笔下，门客有时也指"门人"（即弟子），但多指未拜师的学画者。齐白石曾经画了一幅尺幅很小的《墨兰》，仅数笔而已，然题字两次。第二次说：朝鲜人画正面兰，秀色可餐；我则画背面，粗索无味。呵呵一笑也！所言是否指金氏，留存待考。

金永基在华期间以及回国之后，曾代多位朝鲜人向齐老师求题斋号、刻印，比如"旅泊盦""沧佩室""古经堂""学愚堂""听鹤堂"等。而齐老师为金氏所作书画更多，比如1935年夏，为之题斋号"听鹤馆"。即便在金氏之后回国，二人还多次通过邮件交流：1936年秋，金氏画《牡丹》寄请题字，齐师用篆书题"大富贵"，并以行书题小字"青冈弟万里乞题数字，予不却其雅意"；此年，齐老师又给金氏邮寄了《棕鸡》《松鼠》《盗桃》《小儿盗桃》四画，我猜测金氏是在朝鲜为老师卖画；在1938年，约9月底至10月初，白石弟子王庆雯代寄金氏一件书法扇面和一幅斋号"梅花书屋"；1939年2月20日，又寄去斗方画四张，三平尺的《鱼虾》，并封漆邮寄；同年10月31日，再寄去横幅书法一张，小幅山水一张。而齐白石在回执单上批注说，金永基都会在回执单上盖章，独这次无，应是没有收到；此年，齐老师还为金父题签《十指千秋：海冈先生遗墨集》。

二人之间的交集还有很多，不再一一赘述。

书生本色

为了考证这张照片,我大费周折、几经反复,后断定与齐白石、金永基的合影为同时所拍。在两张照片上,齐白石的面貌、服饰、执扇方式近似,尤其是鞋子。而从背景的竹帘(此帘经常出镜)推测,是在白石画室门外。

照片中的齐白石身穿一袭素布长衫,左手执扇,目光坚定,儒雅。昔日的乡间木匠,如今书生本色俨然!

齐白石像，丙子年（1936）闰三月初七之前

娄师白

齐白石和娄师白（右），1936 年

这张合影拍摄于 1936 年，具体时间不详。

娄师白（生于 1918 年）的父亲和齐白石是于 1932 年在去往香山的公交车站认识的。彼时，齐良迟、良已在香山慈幼院上小学，之后良怜、良欢亦在此就读，他们一个学期才能回家一次，而娄父就在此校任职，所以经常帮忙捎带物品等，两家关系逐渐密切。

甲戌年（1934）六月廿七，娄师白拜齐白石为师，成为齐门当时最小的弟子；拜师后未满百日，师白就画得很好了，齐老师多次题字称赞。娄师白原名绍怀，后更名少怀，号"师白"乃齐白石所赐，并赐斋号"老安馆"。什么说法呢？取自《论语》："老者安之，朋友信之，少者怀之。"更名"少怀"约是在1937年；而在1940年，齐白石又为之题写了斋号。

二人之间有一件要事，发生在1936年。娄师白少年老成，有良好的家教，齐白石曾在他画的《贝叶蜻蜓》上题字，夸赞师白不仅作画和自己相似，喜欢读书、不争名利、不与人为伍的天性也和自己相似。于是，在这一年齐白石蜀游前，选定了18岁的娄师白帮忙看家，期间就住在白石画室。当时，齐家还有长女菊如、外孙平山母子，但齐老师似乎更信任娄师白，并给了他百元安家费。又因为北平艺专的学生舍不得齐老师（离校），于是齐白石又请师白前去代课，出京前把每次上课的画稿都交给了师白。在近5个月的时间里，师徒二人多次通信，不再言说。回京后，齐老师赠送师白一幅八尺对裁的《荷花》（曾在法国参展），另有其它礼物种种。

齐老师为师白题画、作画、刻印众多。而从一幅《纳福图》中就可知道一个故事：琉璃厂的伦池斋代理齐白石的画作，每逢得到新画就会影印成卡片出售，老齐称其"获利不少"。娄师白就购买过此类卡片，然后照着临摹；齐老师在师白临摹的《纳福图》上题字夸赞他"好学善画"——这都是老师对学生的肯定、提携。类似例子还有很多：1945年，娄师白作《菊花寿酒》，齐白石题字说，莫将此作当成我的画，此乃少怀所画；1946年又题字："少怀作画能乱吾真，但不造假画，吾门客之君子也！"

四川艺术专科学校

这是唯一可见的齐白石蜀游期间的合影，而在照片背后，尘封了太多往事。

1936年4月27日（闰三月初七），在神交笔友、第44军军长王缵绪的邀请和外孙媳邓柏云的陪同下，齐白石带上胡宝珠及女儿良止、儿子良年离京赴蜀。

此前的3月27日（三月初五），王军长委派来京接应的吴秋士拜见了齐白石。这天，齐白石的《蜀游杂记》开始记录，有两条，其一："六点钟，正卯时，吾第六女死。"其二："□□□来见余，乃□□□使之由成都飞平，邀余蜀游也。"后来的剧情发生反转，齐白石将两处人名涂掉，第一处当是吴秋士，第二处是王缵绪。出京前，齐白石还为吴秋士画了一幅《长年图（大鲶鱼）》，题字说，秋士先生是我的神交老友，相识十年，如今欢聚京华，今日大驾光临寒舍告辞回川，画此为别，"予将随后至成都，先生可临风为待也"。之后，吴氏并未返蜀，而是在京、沪等地游玩了一圈。

当年，齐白石游蜀的消息多有报载，成都《新新新闻》更是跟踪报道。在蜀期间，他受到了王缵绪的热情接待，还拜访了方鹤叟、林思进、曾默躬等文化名流，并与同期游蜀的金松岑、陈石遗会晤，又与姚石倩、余中英、夏静渊等弟子相往还。

6月17日早7点，在四川艺专教授张秉钧的陪同下，齐白石到学校演讲、参观、指导学生画作，并允诺日后题写校训。当日，由春熙南路上的成都镜缘美术公司拍下了这张合影，可见照片中的横幅上写着"欢迎齐白石先生"。我能认出的有齐白石、胡宝珠、邓柏云、王缵绪、刘既明。王缵绪居坐中心位置，齐氏一行三人居右。学生们统一服装，尤其是男生全部着军装。此时的齐白石手持折扇，儒雅风流，如此装束在其一生中并不常见。其中应该还有陈业精、张秉钧、余中英，但难以对应。

该校创立于1920年代，属于私立艺术专科学校，即四川美院的前身，黄宾虹1932年入蜀时曾在此任教。在照片中可以看到，门口一侧斜插着青天白日旗，大门一侧竖挂着"私立复兴艺术……"的长牌，全称应是"私立复兴艺术职业学校"，而门楣上嵌着"四川艺术专……"石匾，全称应是"四川艺术专科学校"。此前，校长陈业精曾邀请齐白石到校讲演，教务主任刘既明更是多次拜访齐氏，但均无照片存世。而在6月25日，《新新新闻》报社记者邓穆卿采访了齐白石并合影；7月16日，成都东亚照相馆派人为齐白石拍照。1936年8月26日、1937年7月9日，该报上均刊登了齐白石的头像，但太小且模糊，不能确定是否是在成都期间的留影。

之后，四川艺专将合影精装后签赠齐白石，今存北京画院。齐白石曾作诗名曰《王三赠合照像》："与君无异马牛风，并影相看有愧容。向后有人谈故事，山人朋辈有英雄。"王三即王缵绪，行三，齐白石曾为之刻印"西充王三"。然而在《蜀游杂记》中，齐白石于某日将这首诗涂掉了。

关于齐白石赴蜀的种种事宜，学界多有研究，热点是齐大师未得到自己认为应得的钱数；窃以为，这是他多疑所致。在蜀期间，他就设计过一个"回思无处不伤心"印稿，还刻过一枚印章"吾狐也"，并在边款中反省自己的生性多疑。

齐白石与王缵绪（横幅「生」字上方）、胡宝珠（「齐」字上方）、邓柏云（「先」字上方）、刘既明（「欢」字上方）等四川艺专师生合影，1936年6月17日

四川藝術專科學校敬贈

白石山翁 惠存

父子兄弟

(左起)齐子如、齐白石、齐子贞，
1936年9月至10月

　　1936年8月31日，齐白石自蜀返京停经汉口，电召在老家的长子子贞、三子子如来汉相见，但阴差阳错几人并未碰面。9月5日（七月二十日），齐白石一行到京，两日后二子亦至并小住月余，期间，留下了这张父子、兄弟的三人合影。

　　齐白石的儿子长大成人的共六位，分南北两拨各三位。南方三子是原配陈春君所出，其中次子子仁已于1913年故去。这张照片拍摄于照相馆，老父前坐，子贞为长子立于父右，子如立于左。老父特意在照片上题字记事，可见郑重。这是唯一可见的、南方二子与父同框的合影，另有子如与父亲单独合影，见《齐子如》一文。

1909年，子贞曾随父亲游历广西、香港、上海等地，但他读书不多，只勉强能写信，日后常年住在湖南老家管理田产，在父亲的笔下较少出现。照片中的他目光呆滞、生涩，眼神颇似乃父在1925年生日时的留影。据同乡晚辈马璧讲，自己曾帮白石老人代管老家在胡宝珠名下的90多亩田产（归齐良迟），虽然实际上也不曾真正管理，但引起了子贞的不满。此事发生在1935年，而在这年，齐白石回乡探亲，赶上子贞抱病，老父亲为他寻医后始愈。此行，齐白石在日记中说："子贞、子如，兄弟父子叔侄可谓好子孙也！"1947年冬，马璧在北京公干，适逢子贞、佛来父子来京，老人为招待三人，将皮影戏班请到家里，戏目好像是《薛仁贵东征》。

子如则继承了父亲的衣钵，早年随父在京就读，并拜陈半丁为师，好像也拜了陈师曾。他一度寓京卖画，尤以画工笔草虫为人称道，齐白石的画作中有些草虫即子如所为。彼时的德国驻华公使陶德曼就曾点破此事。1933年，齐白石在给姚石倩的信中就评价子如的画："纯山水气，不达世务，真能似我。"而在这年夏天，老父亲还在子如画的《莲蓬蜻蜓》上题字说：我才过四十时，子如画的工笔草虫已经超过我了。1946年，他又对记者说：以后我不画草虫了，子如比我画得好！

然而，二子都先于老父而去了。

李白珩

这张齐白石和女弟子李白珩的合影，和上张齐氏父子合影应是同时所拍，齐老师也在照片上题字记事。

李白珩（生于1905年），又作伯珩，江苏宿迁人，毕业于北平艺专，1937年曾入故宫古物陈列所开设的国画研究会。其名经常出现在齐白石笔下，为之多有作画、题画、刻印。北京画院今藏李白珩1933年临摹的齐白石《赏砚图》，上有齐老师的长跋，说这是白珩第一次画人物。《赏砚图》今已不可见，但有一幅齐白石在1937年所画的《赏砚图》，题字道："济国先生指疵。丁丑三月，白珩赠，白石题。"黄济国在商务印书馆工作，是齐白石的赞助人；此画乃白石应李白珩之请为他所作。

李白珩直到30多岁尚未结婚，后在齐老师的促成下为杨承基（尧民）续弦。杨氏原为张学良部下，脱离军界后闲居北京，姨夫是齐白石的朋友张伯英（两人交游，见《扶正》一文）。二人结合的时间不详，而在1940年小年当日，齐白石为"尧民仁弟"画了一幅《梅花禽鸟》，第二次题字道："好鸟多情者，林惊枝上花。"推测他们是在此前结的婚。

此外，齐白石曾为"白珩先生"刻印"魏五阴""方岳外史""三复白圭"——何人待考。

齐白石和李白珩，1936年9月至10月

张大千、王师子、于非闇

(前排左起)胡佩衡、王师子、胡宝珠、齐白石、杨婉君、张大千,(后排左起)(不识)、苏凤山、(不识)、汪慎生、蔡礼、管翼贤、于非闇、寿石工、穆蕴华,1936年9月14日

因画家王师子(生于1885年)自沪来京,拍摄了此张合影。王氏是与张大千同来的,而大千是常客,王氏乃初来。照片上有于非闇的洗印题字,时间是1936年"九月十四日"(此处指阳历),时齐白石游蜀归来十余日,地点在春华楼。当日到场者有:"五短身材的虬髯客"(于非闇语)张大千和姬人杨婉君(于氏撮合)、齐白石和姬人胡宝珠,以及于非闇、汪慎生、寿石工、胡佩衡、穆蕴华等人。据于氏记载:听闻白石老师在四川卖画挣了几万元,现场被问及时却只说有几千元——而在齐氏日记中的记载只有几百元。

简述一下于非闇、张大千、王师子与齐白石的交游。

于非闇(生于1889年)是齐白石的学生,1929年初拜师,主要学习篆刻、山水等,但风格与老师迥异。齐老师多次为之题字、作画,二人的关系更接近友人,即齐氏口中的"门客"。1931年,齐白石给杨仲子刻印"见贤思齐",边款中说,京中刻印者不多,有一两个少年都是我的学生,学成之后却声称师承古人,这种人背其恩本,君子耻之,人格低矣。之后,齐白石话锋一转,说,中年人于非闇刻得很好,乃吾门客。继而扭转语调,夸赞仲子刻得如何之好云云。关于此事,齐白石同年还作诗,名曰《自嘲》,有云:"一笑长安能事辈,不为私淑即门生。"

世传齐白石和张大千有矛盾,论证集中在齐氏的印章"吾奴视一人"和张氏的印章"奴视一切"。此事乃子虚乌有,已有学者作了论断,不再多言。而于非闇曾说,大千每次来京,都单独出钱请齐老师吃川菜。亲历者娄师白也说,他曾见大千到访齐家,年纪不大、胡子很黑,对齐老师执礼甚恭,二人谈笑风生,最后拱手作别。另外在1935年,张善子、张大千、昆仲在中山公园水榭举办画展,齐白石于8月18日参观,并留言:张君兄弟,人工天分,殊绝于人,愧死同侪善自鸣者,齐璜瑾观。即便此次张大千来京,齐、张等人还联名发起了在中山公园董事会举办的画展,于9月16日开展,为期三天。

1924年,齐白石就曾为《王师子书画册》作题跋,说是汪蔼士(汪吉麟)带来了王师子书画册,欣赏之余,感慨王氏能甘守寂寞、乐此不疲,可见沪上的书画圈氛围比北京好。类似观点,齐白石在给李苦禅的信中,就赞美过南方的潘天寿。齐白石还曾刻印"寂寞之道"与"何要浮名",可谓与王氏达到了心灵上的契合。1936年回到上海以后,王师子写了一篇游记——《平游印象》,发表于《国画》月刊,记述齐白石"长髯绕领,年事已高,出入必以姬人侍"。如此文字,总能让人想入非非。事实上,胡宝珠并无美貌,当年就有报称其脸上的痘癣"如钉鞋踏烂泥",但齐白石出入总与之相偕,而胡氏签到时总是自称"白石如妇"。

王"文龙"

这张照片上的齐白石似有举重若轻、傲视群雄之感。照片为齐家附近的西单商场对面的容丰美术部所摄,齐白石于1936年冬日签赠将因寒假返乡的"文农仁弟"。

王文农(生于1910年)家境优渥,1932年毕业于武昌艺专国画专业,1934年到北京,次年考入京华美专国画系,齐白石就在此任教。在京期间,他结识了齐门弟子吴迪生,且于1935年9月由吴氏引荐,走进了白石老人的家。齐白石素来重视学养,而文农善国文,令老人青眼相看,当日,签赠《借山吟馆诗草》《白石诗草》二书,上款称谓均为"先生",可惜的是把"文农"写成了"文龙"。据说,当日吴迪生见二人谈话很投机,示意文农磕头拜师,如此便成就了一段师生因缘。然而,关于此际拜师之说,并无明确记载。

此照曾被王森然用作《齐白石先生评传》的配图,发表于1940年4月1日的《中国公论》上,但在该图图注中被误判为"近影"。

齐白石像，1936年冬，同时为王文农题字

借山门客

这张齐白石和王文农的合影由西单北大街的容丰照相馆分店拍摄于齐家。1937年春，齐白石在照片上题字，说时居"鬼门关外"，所谓鬼门关，是因为他曾经住在太平桥高岔拉1号（今赵登禹路），附近有条胡同叫鬼门关（也叫贵人关），所以戏称住在"鬼门关"外，并有诗曰："马面牛头都见惯，寄萍堂外鬼门关。"1937年的齐白石已经住在了跨车胡同，但还是离鬼门关胡同很近，所以偶尔还会这样写。照片上所题"傍立者，借山门客也"，"借山"即齐白石的斋号"借山馆"（或"借山吟馆"），"门客"即指王文农。齐白石题"门客"而未题"门人"，我推测此际王文农并未正式拜师。

然而，从齐白石的帽子、衣褶推断，此照和上篇文章的单人照应是同时所拍，至于为什么分两次题字不得而知。两张照片是少有的齐白石"精装照"，皆为王文农旧藏。齐氏一向生活简朴，似乎不会如此专门花钱拍照，推测皆是家境富裕的文农所张罗。

1937年夏，王文农即将毕业，适遭卢沟桥事变，于是匆匆返乡。齐老师为之书"光国因工"四个大字，并钤盖"丁丑"（1937）印章。文农很是喜欢此印，齐老师就又钤盖一纸题字后赠之。

在之后的多年里，师徒之间时有书信诗文往还，齐老师多次为王文农作书画。1948年"五月十五日"（或指阳历），王文农致信齐白石，而齐老师于"七月七日"（或指阳历）在一张名片背后回信说：来信看后"涕泪交流"，晚些天给你去长信。

平生像制於手以者兔毛浑成
老傍立者僧山刘孟如 白石

齐白石与王文农,约1936年冬,1937年春为王文农题

李苦禅（二）

齐白石与李苦禅，1936 年冬或 1937 年春

这张合影很常见，是齐白石和弟子李苦禅。白石老人气定神闲，而苦禅神色冷峻。

对于考证拍摄时间，我束手无策。以往的记载五花八门，1923年李苦禅拜师之际所拍一说较为常见，但从背景的木门可以看出是在齐家跨车胡同寓所，1926年底入住。因此推测，此照约拍摄于此际或之后不久。但我又意识到，白石老人的相貌与1926年前后严重不符，而与1936年冬和1937年春签赠王文农的两张照片（见《王"文龙"》《借山门客》二文）中高度相似。而且，此合影中的头像还被刊登在了《国立北平艺专一九三七年毕业纪念册》，因此暂定此照片拍摄于1936年冬或1937年春。

齐白石一生不参与时事，学生李苦禅则做了大量地下工作。他曾在杭州艺专任教多年，1934年因参与革命之事被学校开除，后于1935年6月回到北京，之后在京鲁之间往来。回到北京之后的李苦禅在北华美专任教，并先后举办了画展，出版了画册，齐老师对他的吹捧不遗余力，比如题词助展，为《苦禅画集·第一册》题写书名等。还有在1937年秋，应北平艺专学生董彝九之请，齐白石在李苦禅1936年的画作上题字："苦禅如终不享大名，老天有意负苦心人也！"

三弟也

齐白石与齐纯藻，约丁丑年（1937）二月

    齐白石的母亲共生六男三女，白石是大哥，名纯芝，三弟名纯藻（生于1870年）。这张大哥和三弟的合影，是目前唯一可见的齐白石与父母兄弟之间的照片。在照片两侧，齐白石分别题字："白石之像，大哥也；三元之像，三弟也！"寥寥十四字，荡气回肠；"三元"应为三弟的乳名。

    有关三弟纯藻的记载既少且散。齐白石曾说，己酉年（1909）二月十二他出发去广东，"吾父及诸弟皆来送行"；1926年，母亲去世，白石因战乱受阻未归，而"纯藻惧匪害未归"。二人之间还有一事，颇可一说。早年，三弟为了生计，经齐铁珊介绍到一座道观煮饭打杂，而铁珊与诸友就在此地读书。雕花木匠齐白石因三弟之便常到道观，遂与铁珊日益熟识，并于1887年经他牵线得拜湘潭画像能手萧传鑫（芗陔）为师（次年正式登门拜师）。然而，三弟认为大哥放弃木匠而去学画像，实属异想天开；在齐白石成名之后，又因种种原因，兄弟之间便不大往来了。

关于大哥与三弟，齐白石之孙佛来说，至1933年夏，祖父健在的兄弟还有三、四祖父，祖父便邀请三祖父到北京住了月余；离京时还赠予四季衣裳和四百元旅费等云云。齐佛来还说，三祖父离京到达汉口时，所赠物品除了给自己带的祖父的诗草和印谱外多遭抢劫。而自1925年离家，直到1935年，齐白石鲜有返乡，1935年之后与故乡永别，再根据照片中二人的年龄推断，和三弟的见面仅见佛来所言。然而，合影中的齐白石说是在1933年还是明显偏老，况且着装也不在夏季，题字风格更是在1930年代后期，难道是佛来记载有误？终于，我在一幅杨永德旧藏的齐白石画作上找到了线索。1937年，齐白石在一幅7年前的旧作上题字说：元宵节后三弟来京，今返故乡，请他带此画赠予"佛逊贤侄孙"。此年，大哥74周岁，三弟67周岁，与照片上的样貌基本吻合；或因没带帽子，齐白石比平日显得苍老，表情并非常见的苦相而是凝重。三弟带走的是什么画？一个蹲着的老者，手执一把破扇对着火炉扇风……这不就是三弟当年在道观里的情形嘛！

佛逊何许人也？齐白石为之作画并非止于此幅，还有如《日行千里》，上款称"再侄"。佛逊曾多次出现在齐白石的生活中：1922年，齐白石送原配陈春君回乡，在长沙停留时就住在其家，有诗云"逊园楼上作神仙"；1936年齐白石蜀游返京，途经汉口时又在其家小住4日，佛逊之子靖涛曾作《忆叔曾祖父白石老人》一文，其中所言即此时情景；在齐白石保存的1938年的邮寄单据中，多见与三元、佛逊之间的往来，推测佛逊是在长沙、汉口两地做生意。而且，三元和佛逊经常被齐白石"捆绑"联络，比如戊寅年（1938）六月齐白石分别给三元、佛逊去函,事关分家。此外,1938年8月13日,齐白石给三元去函,感谢寄来鱼肉干、茶叶;8月16日,给三元寄去二十元,接收地址是湖南湘潭白石铺合面屋。三元于9月3日收到后,在回执单上钤印"齐三元"(白石印风);9月26日齐白石收到回执。

齐佛逊和齐白石,齐佛逊和齐三元,他们之间具体是什么关系呢?暂且是个谜。至此,我又生一念:"三元"一定是纯藻吗?

赫达·莫理循（德国）

齐白石像，1937年秋月，赫达·莫理循拍摄

抗战爆发后，齐白石的生活受到了严重影响，大门上贴出了不见客的告示。然而，还是有一位德国的女摄影师走了进去——伊名赫达·莫理循（生于1908年），因缘不详。

1933年，莫理循来到中国，在德国哈同夫妇开设的阿东照相馆工作。她最大众的名字叫赫达·莫理循，即嫁给老莫理循之子后被冠以夫姓。而老莫理循在中国的威望有多大呢？王府井大街就曾叫莫理循大街。

在华十几年，莫理循拍摄了大量照片，其中就有齐白石画螃蟹。第一张照片是全景，齐白石刚开始画第二只螃蟹。能看得出来，这是一张四尺三裁的宣纸，画案整洁，放着一副眼镜和一个放大镜，笔洗里的水很清澈；第二张是特写，第二只螃蟹即将画完；第三张也是特写，已经题完字正在钤印。这是一幅《双蟹图》，题字为："□琶弟清属。丁丑秋月画于故都，白石齐璜时年七十又七矣。"丁丑即1937年，齐白石广为人知的"瞒天过海，虚加两岁"就发生在此年——实际上，此年他虚岁75岁。此作是画给"□琶弟"，然查无此人。我突然意识到，这会是"赫达"的名字音译吗？比如"荷琶""贺琶"。

以上三张照片广为流传，今藏哈佛大学燕京图书馆。然而，市面上还流传了一张，即在两只螃蟹画完之后，齐白石直腰休息的镜头。画中的第二只螃蟹已经变得清淡，乃墨迹已变干之故，而画的两侧压上了镇纸，应该是在摆拍。若为四张照片按时间排序的话，这张排第三。

儿女冤家

(左起)齐阿梅(存疑)、齐良年、齐白石、齐良止、齐良怜、齐良欢、齐曲珠(存疑),1937年秋月,赫达·莫理循拍摄

  1948年,齐白石两次荣登美国《时代》周刊。第一次是在7月26日,刊登了他和两个孩子的合影,而此照也是赫达·莫理循所拍,与上一文中所言的照片应在同时拍摄。也许是在拍摄完齐白石画螃蟹之后,赫达又拍摄了一张大合影,《时代》周刊上刊登之照即是从中剪裁而出。

  齐白石一生作品高产,子女也多,正如他在画上的题字:"老叟生儿,正如石榴;西风结子,皆因子多。"这一点,在这张年龄悬殊的照片上可以得到完美体现。

齐白石右手边的小男孩儿是七子良年，甲戌年（1934）四月廿一出生，乳名小翁子。七月廿一，齐白石刻印"良年"，边款中言："余第七子名良年，字寿翁。"在良年之前，原配已生良元、良黼、良琨三子，副室生良迟、良已二子，良年应是第六子，谈何第七？遍查文献后，才从一枚印章中找到了答案：同年六月，齐白石"追忆伤情"，刻印"非儿"，边款云："非儿，字也。生半日即死，忘其年日，埋于燕京湘潭馆外之众坟间。"在《齐白石全集》中，"非儿"同页还有一枚"良平"的印章，查齐氏近支皆无此人，猜测为"非儿"之名。第六子存活须臾之间，似乎从未来过，所以良年还被称为"第六子"，再后的良末被称为"第七子"。又因为1930年胡宝珠生良止，约1932年生"第六女"（见《四川艺术专科学校》一文），所以"非儿"约生于1931年或1933年，后者的可能性较大。不幸的是，良年于1938年夭折，葬于湖南公墓，齐白石作了简短的《小翁子葬志》。1946年，齐白石在给姚石倩写的信中说"继室去世，丢闺女三，小儿一"，所言难以具体对应，留存待考。

齐白石左手边的小女孩儿是五女良止，后来去了厦门；白石让良迟用无线电与之通话者就是她。目前所见老父亲为之所作的书画不多。1937年秋，齐白石为娄师白（少怀）画《葫芦蝈蝈》，题字说："少怀仁弟为小女良止之师，能尽心力，画此赠之。"已卯年（1939）三月初一，"行年八十"（即将80岁）的齐白石写了七幅《余年安得子孙贤》，其中一幅被再题字后赠予良止。还有1949年，齐白石应良止夫妇函请画《双鱼寄远》。

左五是白石的三女良怜（生于1927年），后来去了宝岛，曾函询胡适，您编的《齐白石年谱》中没有记载我的出生，是原始资料中没有呢，还是爸爸不喜欢我而删去了？胡适回复是因白石老人年老健忘所致。在父亲的书画中，良怜的名字较少出现。1934年冬，齐白石为娄师白画《山水鸬鹚》，感谢他"为小儿女补读病假之书甚勤快"。娄师白回忆说，"小儿女"即良怜。而在这年，齐白石还画了一幅《墨虾》扇面，题字说：小女患病，百医无效，幸亏溪泉先生一药即愈，十分感动，画此赠之。此处的"小女"应该也是良怜。

左六是白石的四女良欢（生于1928年），其名在父亲的资料中也不经常出现。1934年，她虚岁7岁，父亲为之刻印"齐良欢"。在齐白石的《丙子杂记》中，记录着医生陈宜诚一次、萧龙友五次为良欢看病的简要记录。1943年，齐白石画了一幅《仕女》，又在一张同样大小的纸上题字说：小乖（良欢）问，爸爸你画的是夫人还是丫鬟？白石回答说，"夫人"的富贵命是不可求的，当"丫鬟"是一个人的命，但求不要知我作贱。不晓得良怜当时是否知道，她的生母胡宝珠就是丫鬟出身。而在1943年母亲去世后，良怜总是郁郁寡欢，于1946年香消玉殒。

以上是齐白石的子女，而在照片的最右边可能是孙女曲珠，未有见过齐白石为之作画。最左边的妇人多有记载为胡宝珠，吕晓曾进行照片比对，发现明显不是。此女和齐白石的相貌相像，从年龄推断可能是40岁的次女阿梅（1898年至1950年）。阿梅先嫁宾姓，常遭打骂，后改嫁符姓。乙丑年（1925）七月初六，齐白石为阿梅画《樊笼八哥》，并题字："能巧言者，鸟在树上能哄得下来。"这也许是父亲在安慰婚姻不幸的女儿。齐白石曾说：梅儿生来我未教她识字，如今却能看浅俗小说；近来所书字迹清通紧拔、字样安闲。阿梅也能作画，齐白石在1920年代曾作诗《题梅儿画荔枝》《题梅儿临余画鸡》（诗注曰：吾家誉子真成癖），还在1933年为三子子如所刻印章"一家多事"的边款中说："梅儿能画花鸟。"同乡马璧也曾说，阿梅擅画花鸟，他少年时就曾见过她画《梅花八哥》。齐白石也曾画小幅《墨菊》并题字曰："白石示女。"

面对既多且年龄悬殊的子女们，时年已经七十多岁的齐白石不知作何感想；他在晚年曾刻过两枚印章"儿女冤家""老为儿曹作牛马"，或为心理写照。

再看这张照片，白石老人的气质很好，然而挂着短拐——此拐从未出现在其它照片中，而且老人彼时并未开始挂拐，想来其中必有蹊跷。前文中说过，齐白石在乙亥年（1935）六月初四因为逐犬而被铁栅栏的斜撑绊倒，伤到左腿，这次又是为何？再次被绊倒了，而且还是伤了左腿，后经李郭、坤传两位女医生的治疗，于十月康复了。这次估计是不好意思再提，所以鲜见记载，但还是留下了一些印迹：一是齐白石分别为两位医师作书画报答；二是他在给赵元礼的信中谈及。为李郭医师所作的是一幅《墨虾》，题字中称经李郭女士医治之后扶杖能行；为坤传医师所作的是一副篆书对联："谁使神仙抛铁拐；须知妇女有青囊。"而齐白石致赵元礼的信是在"八月十六"（此处指阳历），其中说：在七月初九（8月14日）早上开门时，因疏忽而被铁撑绊倒，邻居都能听到有伐木倒地声，年将八十差点断送老命，今日才坐起写信，而脚已残废。

平岛二郎（日本）

齐白石与平岛，1938年春拍摄并题字

在抗战期间，齐白石的照片明显减少。他也做出了相应的自保措施，表现出了应有的民族气节。

丁丑年（1937）七月，白石老人写了一幅《马文忠公语》，题字说是"故都作乱时书"。马文忠即马世奇，明亡之后首位殉节的官员，其语说：30年间，可以使人重于泰山，也可以使人轻于鸿毛；君子慎之。老人经常书写此语，可谓自警。1938年秋天，他对外声明停止作画（实为作而不卖），并在1920年所刻印章"故乡无此好天恩"又添边款说"吾今生不再使用此印"；1939年，他又贴出告示声称心病复发，停止见客，买画、刻印请到南纸店下单，并在画室中挂出告示，从十二月初一起，未画完之订单退回，之后不再接单；1940年，贴出的告示至少有三个。比如在正月里，大门口有告示云：中外长官买画请找中间人，无须亲临，自古以来官不入民家，入则对主人不利，最后很不客气地写道"谨此告知，恕不接见"，并盖了一枚"寻常百姓人家"的印章。几年之间，齐白石的心迹变化可见一斑。他甚至还刻了一枚"中华良民也"的印章，时间不确定。

然而，齐白石并非不和日本人往来；他抵制的只是日本军国主义。这张照片就是在抗战期间与日本人的合影，我们所常见的版本只展示了白石老人。此照应是在照相馆拍摄，二人的服饰一中一西，一老一少看上去似乎都很放松。然而细看神态，齐白石一脸茫然，平岛则面无表情又似成竹在胸。在照片背后，老人题字说是在1938年春与"平岛君"的合影，并说在买画的朋友中此君最快爽，没有一点烦琐。"平岛"何人？遍查齐氏文献，仅见其所刻"平岛二郎"印章一枚，姑且定为此人。然而，此际并非二人初识。在齐白石的《丙子杂册》中就曾记载了将《墨虾》《螃蟹水草》《杏》三画裱好后交与平岛，可见二人起码在1936年就已经交往。

王柱宇

齐白石像，1938 年春

　　此照原本是一张合影，但齐白石的头像被抠出后刊登在了 1939 年 12 月 30 日的《戏剧报》；惜全照目前无缘得见。报称照片是在 1938 年春天拍摄于中原照相馆，与白石老人并坐者是杨派太极的传人王矫宇，时年 102 岁，胡佩衡、蔡礼、王柱宇三君立于后。王老寿星与白石老人的交集目前未见，以下仅谈与王柱宇和胡佩衡。

　　王柱宇（生于 1895 年）是在京津地区活跃的媒体人，曾在多家报社任职，此际是《戏剧报》副刊《艺海》的主编，同时在《三六九画报》等处兼职，而《艺海》上就刊登过大量有关齐白石的信息。1928 年，王柱宇就曾拜访过白石老人，先后作有《齐姨太太》《谈齐白石》等文；1934 年，齐白石为王柱宇量身打造《中流砥柱图》；1939 年春节前后又画《大富贵（牡丹）》，并刻过"王柱宇"印章一枚。

关于胡佩衡，讲一件此年发生的趣事。一日，他和杨泊庐去拜访白石老人，老人画了一幅尺幅很小的《青蛙捕蚊图》，题字中说，胡氏带来的纸"丑不受墨"，我画得一般，但他要立等可取；我不怪纸差，只怪他心太急。之后又题字说，这是我第一次画蚊子，效果还不错，胡、杨二君夸赞我能将万物富于胸中的本领在画家中是少见的。此画钤盖了为1939年预刻的"七九衰翁"印，推测作于1938年的岁末。

小泽文四郎（日本）、张次溪

（左起）张次溪、齐白石、王青芳、小泽文四郎，约1938年中秋

　　齐白石的国际友人有很多，外国弟子或亦师亦友者也有多位。这是他和王青芳、张次溪、小泽文四郎的合影。白石老人穿着质量上乘的缎面长袍，看背景是在照相馆，能看出这是一次精心准备过的拍照。

　　小泽文四郎（生于1911年）并非画家，而是一位学者，痴迷中国文化。他于1937年来华，在戊寅年（1938）八月中旬由张次溪（二人相识于1935年日本）带领拜访了白石老人。当日，在张次溪的示意下，老人为小泽题写了斋号《文思楼》，上款称"小泽先生"，并赠送两本诗集，推测是《白石诗草》和《借山吟馆诗草》。不久之后，小泽拜齐白石为师学习诗文，由张次溪促成。这年，齐老师还为小泽画了一幅《螃蟹水草》，上款称"小泽弟"，夸赞小泽的文章足以在日本横行。此后，小泽和齐白石交往频繁，求画、请客、题写书名、逛公园，等等。1939年4月，小泽的专著《仪征刘孟瞻年谱》出版，他在卷首题诗后赠送齐老师，老师也和诗回赠。

此际，发生了一件趣事。故人荒木十亩来华，齐白石意欲拜访，遂于"五月十八日"（此处是阳历）致信小泽询问荒木的情形，并请小泽充当翻译。"五月廿五日"（此处是阳历），齐白石又致信，说要请荒木吃饭，请小泽联络并安排饭店，时间由荒木来定。荒木是齐白石的书画在日本市场的重要推手，二人的交集可以上溯1922年中日书画展。这次，他们进行了愉快的会面，但未吃饭。而在1939年的《戏剧报》上，刊登了一枚齐白石所刻的"荒木"印章，推测是在会面之际刻赠。此年，北京城还住着一位画坛宗师——黄宾虹。荒木曾束请他在同和居宴会，但遭到婉拒，之后又登门拜访，却吃了闭门羹。宾翁曾对学生石谷风说：目下两国关系不和，我们不宜见面。至此，我想到了齐白石的另一次宴请。某腊月廿九，他致信伊藤为雄说，正月初二下午五点，我要在西长安街大陆春饭店请渡边晨亩先生吃饭，请你来作陪小饮，并信末强调：你要早点来，我不再催促。

再来看这张合影——是什么时候拍摄的呢？从小泽和王青芳的文献我无从下手，只能转向张次溪。我原本认定是在1940年4月小泽学满归国之前，当时齐老师曾含泪画《青蛙水草》赠别。然而，后来我发现彼时张次溪不在北京。约在1936年底或次年春，张氏南下谋生（出任伪职），期间几次短暂回京，但和白石老人的交集明显减少。他第一次回北京约在1938年，即带领小泽拜师那次。此年，三人之间有一件信物——张氏曾购齐白石早年所画《射雁图》，后赠予小泽喜，白石老人于1938年冬再次在画上题跋。而在1939年，张次溪自南京致信齐白石，请画《燕归来图》（沈阳故宫博物院藏）。白石老人于九月画成，并在画中题诗、题记，诗曰："七千绕道莫徘徊，叶落金陵秋气衰。燕子南巢终是客,西山犹在好归来。"诗序中声称自己知道次溪求画的意图。有趣的是,老人于10月21日(九月初九)邮寄此画的单据如今还存世。1940年,老人又为之题斋号《燕归来簃》,但不能确定是面求还是函求。1941年底,张次溪回京探亲,与白石老人促膝长谈,而此时的小泽早已回国。如此看来,基本断定合影是在1938年中秋所拍,且并非我原以为的分别照,而是初见照,众人的面貌与拍照时间也基本一致。再看齐白石,他戴着一项直筒黑帽,样式与顾城戴的白帽子相似,此帽仅见于1939年齐良已的婚礼合影中。

因为战乱等原因,小泽回国后和齐老师永远断联,但他于1977年在日本出版了《巨匠齐白石的生涯》。

刘冰庵

(前排左起)齐良已、刘冰庵、胡宝珠、齐良年(小孩)、齐白石、娄师白，
(后排左起)齐良迟、(不识)、(不识)、王雪涛、(不识)，1938年

刘冰庵（生于1910年）是齐白石的篆刻弟子。1943年，齐老师为之刻印"借山门人"，边款中说："冰庵十年从游，殆与予有青蓝别，一技欲成，殊不易也。"因此推断他们相识于1934年，据说是由李苦禅引荐的。齐白石首赞冰庵刻印乃少年之作，浑似老手，将来定享大名！而齐老师的一生很在意和门人（弟子）之间的关系，作画中经常明确题写，还曾刻二印"门人半知己""门人知己即恩人"。而他与刘冰庵之间的关系就比较密切。

二人虽于1934年相识，拜师仪式却是在1938年举行。12月6日，《实报》上刊登短讯《名画家齐白石收徒》，其中说拜师仪式是在齐家举行。彼时，刘冰庵还叫祉绵。这张大合影即拜师照，拍摄于某饭店，当是拜师之后的聚餐。此年，刘冰庵尚不满30岁，在照片上却十分老相。齐白石则看上去很忧郁，而在不久前，他对外声称停止卖画。照片中还有胡宝珠和良迟、良已、良年母子，以及齐门弟子王雪涛、娄师白，其余不详。齐白石、胡宝珠面前的小男孩是儿子良年，不久之后夭折了。王雪涛是齐白石1920年代所收弟子，这是目前所见最早的师徒同框照片。

1938年拜师之后，白石老人还为刘祉绵用篆书题写了斋号"冰庵"（白石曾言：冰庵弟以冰名庵，即冷逸之流也），并刻印"七九衰翁"为之演示刀法。多年以来，齐老师为之作画、题字甚多，夸赞之词比比皆是，比如，"冰庵弟之刻石，竟直入借山之室（齐白石斋号），能知吾者，必能知冰庵功之深也"！

白石坡

　　白石老人双手倚长杖，身躯佝偻，一副从未有过的老态龙钟之相，旁边站着白石坡，看背景是在齐家。此照刊登于1939年4月12日的《新天津画报》，张志鱼赠刊，推测拍摄于此前不久。

　　张志鱼下文再谈，而白石坡何许人也？他在天津劝业场经营书画、扇面生意，店名梦花室，代理张志鱼等名家的作品，推测齐白石也在其内。从现存的邮寄单据看：1938年4月19日，齐白石从北京琉璃厂给白氏寄去了一幅画和一把扇子；1939年11月29日又寄去一幅小画。如今可见到多件齐氏为白氏所作的书画，较早的有1929年所作《愁过窄道图》，并作诗题画。另有多件，真假难辨，不再赘述。齐白石还曾刻过"白石坡印""白石坡珍藏章"。关于第二方印，齐白石曾手批印蜕说：我50岁（1912年）之前不愿为人刻收藏印，担心水平有限，玷污了名贵的古籍字画，而此印刻得尚可……总之少刻为宜。

齐白石和白石坡,1939年4月12日,刊登于《新天津画报》

齐良巳

（前排左起）齐良止（左五），（中排）纪碧环、张淑纯、（不识）、萧琼、温柳溪、齐良巳、娄师白、刘延涛（存疑）、胡佩衡、杨晶华，（后排左起）胡宝珠、李鼎文、齐白石、温庭锴、杨泊庐，己卯年（1939）七月廿七

这是齐白石的第五子（和胡宝珠所生第二子）良巳的结婚合影，时在己卯年（1939）七月廿七日，良巳不足16周岁。

新娘叫温柳溪，白石为之取名柳青。这对新人年纪相当，之所以早婚，据他们的次女齐自来与女婿马泉回忆是担心"被日本人糟践"。而伴娘是萧琼（重华），伴郎是娄师白，皆齐门弟子；另有胡佩衡、杨泊庐、温庭锴、李鼎文、杨晶华、张淑纯、纪碧环、齐良止等人，余者不识。主婚人是胡佩衡，去年良迟结婚时亦是。

在这张照片中，最使我惊讶的是杨泊庐的出现。他是齐白石的老学生，因为抗战爆发而蓄须明志。丁丑年（1937）闰七月，齐白石曾致信泊庐，事关良已去京华美专上学之事；后来良已填写的保证人即杨氏。1941年，杨泊庐去世，年仅47周岁。

顺带说一句，据齐白石的故交马璧记载，白石老人晚年的假画很多，良已是造假者之一。

扶正

(前排左起)(不识)、齐良怜、齐良已、胡宝珠、齐秉声(小孩)、齐白石、齐良迟、胡佩衡、其余有纪堪颐、温庭锴、萧龙友、张伯英、王雪涛、吴迪生、娄师白、刘冰庵、白石坡、王庆雯、刘延涛(存疑)，1941年5月11日

名分对一个人来说太重要了；没有名分的人缺乏归属感。

1941年，在服侍了齐白石20多年之后，胡宝珠修得"继室"之名，即与正室享受同等权利。宝珠小白石近40岁，20多年间至少生了11个孩子（除却夭折的，仅存三男三女），但她一直以侧室或副室、姬人的身份存在。

1922年，齐白石在胡宝珠与良迟母子的合影上题字说：宝姬生性虽拙，但能怜爱我这个糟老头子，深可感也！1930年代，经常去齐家的王森然说：宝珠人很慈祥，时常生病，但齐先生一时一刻都离不开她，出席宴会、听戏、看展览都是双双出入，齐先生作画，她磨墨拉纸；得意之作都叫宝珠藏于箱底。

胡宝珠的扶正缘由是齐白石的原配于1940年在老家病逝。关于扶正之事，齐白石有明确记载在家谱上，说是在"五月四日"，而在"扶正"合影上却是"五月十一日"，或许是举行宴会的时间，或其它原因。又根据众人的着装可知，两处时间并非阴历。扶正仪式在庆林春饭店举行，是齐白石经常光顾的地方。白石老人素来少有请客吃饭、举办庆典之举，这次如此隆重，对胡宝珠来说是一个莫大的安慰。宴会当天，宝珠的身体还很虚弱，但招待亲友直到深夜却无倦色。

之所以扶正，还有一个重要原因，即胡宝珠当时的身体状况堪忧。两个月前，齐白石给医生大森先生作画《四喜图》，但画中尚留余空，题字说是等宝珠病愈后再"添感谢话"。这年，老人还刻印章"光明"，边款中说这是"宝珠内人四十岁以后之别号"，猜测这是在为病妻祈福。

扶正并非一个称谓上的改变，实际意义是胡氏所出与陈氏所出享有同等的继承权。当日设席三桌，邀请了29位在京亲友见证，均在分家的单子上签名、盖章。据年龄最小的应邀者娄师白回忆，齐师让他将分家单子拍照制版，印制百来份分与诸人留证。关于分家之事，齐白石简要地写在了家谱上，并借来宾之口劝他将宝珠扶正。这种方式也是在委婉地向正室所出子女表明态度。所以说，分家是目的，扶正只是名义。提到分家，我想起了戊辰年（1928）十月初七，齐白石在致杨泊庐的信中说：你来告别时，我正与儿子们分家，大生烦恼。

邀请的见证人是29位，但照片上共34人，去除齐白石、胡宝珠及前排幼童齐秉声（宝珠的长子长孙），还有31人，另有齐家人良迟、良已、齐良怜、亲家纪堪颐、温庭错，友朋胡佩衡、陈半丁、萧龙友、张伯英、白石坡、弟子王雪涛、吴迪生、娄师白、刘冰庵、王庆雯，其余不识，以下介绍其中几位。

先说大名医萧龙友（生于1870年）。萧氏号息园，与齐白石订交于1917年，他的两个女儿秾华、重华皆齐门弟子。萧氏一生多次为齐家人治病。较早如1922年，为白石长孙秉灵（移孙）医治，齐白石临摹了一幅金农画的《垂钓图》为报，并作诗题画。再如丙子年（1936）三月，胡宝珠、齐良止、邓平山生病，萧氏多次为之开方，齐白石报以40元而不受。齐白石还曾为萧龙友刻印"息园医隐"，又画《息园医隐图》（中国中医科学院藏）。另有几画均颇可一观：己卯年（1939）正月十四，萧氏虚岁70岁，齐白石作《红菊寿石》为寿，上款称："息园先生仁友八旬开庆志乐。"1949年，萧氏80岁，又作《双寿（寿桃）》（北京画院藏），题字："息公诗友先生八十大庆。"另有一幅贺良朴所画《奇石枇杷》为萧氏旧藏，后转赠同乡后辈、白石弟子王文农，文农又请老师题字纪事。萧氏还收藏过齐白石1936年为杨泊庐所作《雨砚簃图》（北京故宫藏）并自题签条。

再说大书家张伯英（生于1871年），字勺圃，小齐白石8岁，有传闻他是白石的书法老师，然查无此事。关于二人，齐白石在《白石状略》中说，"年七十七识张勺圃"，即相识于1937年，而在《白石自状略》中却说是在1936年蜀游归京后与张氏相识。北京画院今藏1939年秋张氏为齐氏所书小字扇面，极为精彩。

对于这次扶正大事，齐白石还请来了两位亲家公，一位是齐良迟的岳父纪堪颐（生于1877年），一位是齐良已的岳父温庭错。纪氏乃纪晓岚裔孙，温家则是平民出身，齐白石应都曾为之作画，但如今只见为纪氏所作多幅，如戊寅年（1938）三月所画《喜上眉梢》，时年良迟刚和纪碧环结婚。

最后说王庆雯（生于1920年），他生于北京，家境殷实。1938年，他拜入齐门学习书画、篆刻，齐白石赐字飞五，又赐号瞻宇，并为之画《水墨螃蟹》，题字云："愿吾弟成名横行天下也！"王庆雯是齐老师比较亲近的弟子之一，曾和师兄弟轮流照顾生病的师母胡宝珠，多次代师邮寄各类物品等。齐师还曾为他画《白猿献寿》《玉米茄子》等作，以及题写书画、篆刻润例，如在他所画的《虾酒图》上题字曰："庆雯弟下笔甚工，非白石多事！"

再来看这张照片中的主角。齐白石表情凝重，不知所为何事，而不足40岁的胡宝珠老态十足。宝珠曾经对白石说，你要是死在我之前，我一定扶棺归故乡，我要是死在你之前，要停棺不葬，若你有生之年还乡，一定要将我葬在齐氏祖坟。不料老夫少妻之间的戏言一语成谶，癸未年（1943）腊月十二，胡宝珠因难产而亡，年仅41周岁又4个月，时年齐白石80周岁又1个月。

天下无二

齐白石与韩不言，1941 年

　　齐白石弟子三千，但有一位很特殊——他是一位聋哑人，姓韩，名致中（生于 1921 年），白石赐字"不言"。

　　韩不言是北京人，家境富裕，最早是齐门弟子李苦禅的学生，后经苦禅师引荐与白石老人相识，并在姑父（宝古斋老板）薛慎微和苦禅的促成下拜入了齐门。关于拜师的具体时间和情形说法不一，语焉不详。据 1940 年 6 月 2 日的《实报》载，韩不言在母校私立聋哑学校欢迎校长大会开幕之前，曾当众画《螃蟹》《牵牛花》，特别声明师法齐白石，肄业于京华美专。李苦禅在为韩不言所作序言中说：不言师侍白石老人7年——时间怎么界定难以考证。

这张合影是韩不言带着一个德国相机到老师家拍的。在今存的照片右侧，有"齐白石与韩不言合影，一九四一年"的字迹，据说是韩不言所写。另有他与李苦禅的合影，标注的时间是"一九三九年"，字迹明显是同一人所写。然而，两张照片上的韩不言身着同样的服装，一副阔少模样，面貌也无多大变化。再看白石老人，注视着相机，同时右手却伸出二指，这是什么意思呢？好事者说是齐老师在示意韩不言"天下无二"，诚可笑也！事实上是韩不言调好相机，按下自拍键后立马回到了老师身边，恰巧有人走过来，齐白石伸手示意不要过来。这个镜头使我想起了齐白石画的《人骂我，我也骂人》，令人会心一笑。此画属于白石老人自造稿本，一生画过多幅，早期的名叫"骂谁"。

如今可以见到多幅齐白石题字的韩不言画作，以及1941年题写的篆书"韩不言画展"。这是一个什么样的展览呢？据说此年韩不言与李苦禅在中山公园举办联展，也有1945年、1948年之说，但均未找到确切文献。而据韩兰生先生说，父亲在23岁时与李苦禅举办了联展，24岁、25岁每年都在京、津两地各举办一次画展，每次都引发了不小的轰动。

又传韩不言在与齐老师相处的日子里都是笔谈，老师为他作画、刻印、题画众多，大都毁于特殊时代。

老父幼子

齐白石和齐良末，1941年夏

这张照片看似祖孙，实则父子，是1941年夏天老父齐白石与幼子良末的合影。照片刊登于1942年3月的《古今》杂志创刊号，上有许斐所作长文《齐白石》，文中称拍摄者是历史学家王某。许斐还说，他在洗好的照片上题跋数语后赠送白石老人，老人则以画作为报，越数日，老人看到照片后又作画回赠，后来又如是，盖因老年健忘也！

良末是齐白石的第八子，胡宝珠所生的第五个儿子，时在戊寅年（1938）五月廿六，白石虚岁76岁（自称78岁）。而原配所生的第一个孩子菊如，比这个小弟弟大了55岁。良末出生后的第13天，父亲为他刻了一枚"耋根"的印章，边款中说，我快八十岁（虚指了又得一子，起名良末，号耋根。因之前一子夭折，所以良末还被称为"白石七子"。在重庆的徐悲鸿画《千里驹》寄贺，齐白石则画十开册页回赠。胡适曾低声音对秘书笑言：这位齐老先生78岁还生儿子……良怜之后，还有好几个子女呢！

齐白石自知活不到良末成年，平日里对他也格外怜爱，曾向多人托孤，每言声泪俱下。在1941年的某个晚上，良末让父亲给他作画，老父就画了一幅《读书仕女图》，可谓既丑且美，即在生活中是丑女人，而画中的笔墨、神态韵味十足。类似的哄孩子之作，齐白石还画过多幅，再列举几例。1944年，他画了两个小青柿子，戏题篆书"小事不糊涂"，之后又画了一幅两个柿子的画，题字："世世绘画。耋儿七岁时与之，乃翁。"皆取谐音，而这虽是两幅游戏之作，也许是寄予了良末在他日能以绘画谋生的希望。是年，齐白石有诗曰："吾年八十四，七岁耋儿娇。稻莠同天雨，青青各长苗。"1952年，老父又为良末画了一幅《鸽子》，并题写了一句很神秘的话："九十二岁初传七儿画鸟法。"

祖孙父子

(左起)齐秉声、齐白石、齐良末,1941年夏

  1941年夏,《古今》杂志在给齐白石、良末父子拍照时,还拍了一张父子祖孙三人的合影。此孙即齐秉声(展仪),1938年(多有误传"1932"年)腊月生,是白石第四子良迟的长子,白石曾为之刻印"白石第十二孙"。秉声还曾出现在1941年胡宝珠的"扶正"合影中,是胡氏的长子长孙,站在最前面,或是有意安排。

在延安

1942年的延安作家俱乐部,齐白石的照片挂在最中间

着实令人意想不到,齐白石的照片曾于抗战期间悬挂在了延安。

1941年下半年,张仃等人设计的作家俱乐部竣工,成为了延安的文化重镇。从这张照片中可以看出,齐白石的照片被挂在了俱乐部礼堂的中心位置,两侧并排挂的是梅兰芳、马师曾、阮玲玉、陈燕燕、黎灼灼等前沿文艺家。在这排照片的上方挂着一条标语:"作家是人类心灵的技师。"白石老人此照的拍摄者是郑景康,应是他在1935年拜访老人时所拍摄的12张照片之一。齐白石能如此耀眼地走进延安,我猜测是第一次。

1942年5月,俱乐举办了郑景康照相展览会,据说各位政要都曾光临。这一排照片应该是展览之前或之后的常设状态,或许本身也是展览会的一部分。而在此际召开的延安文艺座谈会中,郑景康是唯一被邀请的摄影界代表。

王天池、张志鱼

上：(前排左起)张志鱼、齐良末(小孩)、齐白石、(不识)；(后排左起)王天池、(不识)、齐子如，1944年冬
下：齐白石和王天池，1944年冬

1944年冬，在张志鱼的促成下，王天池拜齐白石为师。

王天池（生于1914年）是山东烟台人，彼时在天津码头一家自行车进口公司工作，经常往来京津之间，对齐老师出手大方。他在拜师时至少拍过两张照片，一张是师生合照，一张是与众人的合影。在师生合影上，白石老人题字："此乃白石老人，侍者——门人王天池。"另一张是师徒二人与张志鱼、齐子如、齐良末；余二人不识。此际或在之后不久，王天池要回老家，齐老师画《富贵坚固（牡丹、奇石）》以赠别。

张志鱼（生于1893年）与齐白石相识于1920年代，是京津地区的刻竹、治印名家，在北京劝业场经营斯寄庵美术社。今见白石老人多次为之题字、作画：1927年作《寄斯庵制竹图》；1928年篆书题写横幅"寄斯庵美术社"；1932年，《寄斯庵印痕》出版，扉页有老人用篆书题"印迹"；1938年又为其印谱题"雪爪"。我最喜欢的是1940年张志鱼在天津举办画展时，其中有一件齐画张刻的《玉米树草虫》扇骨，题材别致，刻工精美，别具野趣又不失文雅。

张志鱼为何推荐王天池，猜测原因有二：张氏经常在京津地区往还，与王氏结识或有买卖关系；1941年，张氏曾应芝罘的张观察（名号不详）之请，在烟台住过数月，此中或与王氏有关。

牧牛图

齐白石像，1944年早春或冬天

从画作中的落款可知，白石老人此照拍摄于1944年。

如今，照片中的画作另有旧照片存世，其画笔墨浓淡相兼，水墨淋漓，别有生趣。画作右上有篆书题字"信口无腔"，语出"牧童归去横牛背，短笛无腔信口吹"。画中的题字大意是说，我今年八十四了，为画店作大幅《牧牛图》后尚有余兴，画此小幅存稿；而牛的画法属于古人样式。诚然，我曾见过金桂玉于1894年画过的类似之作。有趣的是，题款中"八十四岁"的"四"字，白石老人写成了两个"二"字上下叠加，前人曾有此写法，但他似乎玩出了新高度。

此作曾经刊登于1946年的《神州日报》，推测齐白石此照片是

齐白石画《牧牛图》，1944年

由报社记者拍摄的，时间约在1944年的早春或冬天。有趣的是，之后又发现这幅小尺寸的《牧牛图》今尚存世（上海博物馆藏）。这又引发了我对那幅大尺寸《牧牛图》的好奇。

齐白石一生曾多次画"牧牛图"，然其弟子李可染画得更多；而在1947年可染拜师齐氏之后，齐老师似乎很少再画此题材。

白石"山"翁

齐白石像，1945年2月11日《中华周报》刊登

这张照片刊登于1945年2月11日的《中华周报》，名曰《作画时之白石山翁》，可惜印刷质量粗糙。下文主要谈谈白石山翁之"山"。

齐白石不善言辞，但个性鲜明。白石是他的号，因祖屋位于白石山下，遂自称白石翁，并如是刻印。后来，朋友告诉他"前朝有同字者"，所以他就加了一个"山"字，即白石山翁，并另外刻一印，作画落款时使用，时间不晚于1925年。之后，齐白石有时会将"白石翁"与"白石山翁"两印并用。而文人士大夫素来追求山林之雅，比如陶渊明的"少无适俗韵，性本爱丘山"；"白石翁"多一"山"字，格调立马升华。

《中华周报》

齐白石像，1945年3月11日《中华周报》刊登；
1950年，签赠李可染、邹佩珠夫妇

此照刊登于 1945 年 3 月 11 日的《中华周报》，同时刊登的还有齐门弟子李智超（生于 1900 年）之《八五老翁齐白石自嘲》一文，以及白石老人此际为他所书的《自嘲诗》："铁栅三间屋，笔如农器忙。砚田牛未歇，落日照东厢。"题外话，齐白石另有女弟子李志超。

照片上的齐白石眉头紧锁，眼神深邃，面带苦相。此后多年里，此照片被多次发表，而在 1948 年杰克·伯恩斯为白石老人所拍的系列照片中，还可以看到此照被放在老人的专属躺椅一侧。老人也曾于 1950 年将此照签赠李可染、邹佩珠夫妇。

再来谈一下《中华周报》——1944 年 9 月 24 日创刊，创刊号封面即白石老人同年所画的一只螃蟹。彼时正值抗日期间，老人曾多次在所画螃蟹上题字，称之为"横行之物"，比如"看君行到几时休"。即便在抗战胜利之后，他还多次画此，再如，1946 年在上海举办画展时，为宣铁吾画此，题曰："看尔横行到几时！"展览中另一幅题曰："横行越疆者不祥！"

王天池、齐子如

(左起)齐子如、张志鱼、齐良末(小孩)、齐白石、王天池,约1945年春

这张合影大约摄于1945年春,正是抗战后期,地点是在齐家。

齐白石和张志鱼并坐前排,依偎着张氏的小孩还是白石七子良末,后立者左是白石三子子如,右是王天池。照片中的白石老人身着大衣,松松垮垮,神色凄苦。

此际,白石老人在王天池所画《寿桃》上题字说:天池随我学画才几个月,如今已经入门。并画《红梅》扇面,题字说:天池跟我学画几个月来进步很大,画此鼓励。此年,齐老师还为他画《青蛙》,并题斋号"黄山草庐"等。

关于师徒的交集,除了书画信物,我仅见有1947年的《天津民国日报画刊》上刊登了齐子如所画《菊》,估计是由王天池推荐而刊登;画下有王氏的文字介绍,称子如客岁(1946年)来京侍父。

夏文珠

(左起)夏文珠、顾俊琦、齐白石,1945年秋冬之际

齐白石一生,至死离不开女人。

癸未年(1943)十二月,齐白石的继室胡宝珠去世;甲申年(1944)九月,夏文珠走进了他的生活。时年夏氏40岁出头,老人周岁81岁。这是目前可见最早的二人同框,拍摄于1945年秋冬之际。另一位女士姓顾,名俊琦,是夏的朋友,《大公报》"三大巨头"之胡政之的续弦、顾维钧的侄女。

齐白石与胡适的认识,就与顾俊琦有关。白石老人有意请胡适为他作传,而胡政之与胡适之是故交,如此便促成了齐、胡之交。而关于胡政之,据1948年《铁报》载:1945年胡氏六十寿诞,《大公报》天津分馆赠送四条屏祝寿,其一便是齐白石所画。

再说夏文珠。白石老人称她为老夏,"老夏"则喜欢别人叫她"夏先生"。夏先生戴着眼镜,有时叼着烟,一眼便知是精明能干之人,颇似白石恩师王闿运身边的陈妈(白石老人曾以此比喻)。老人对老夏言听计从，并让幼子良末认其为干妈（齐可来语。可来1947年来京，说家中另有一个保姆）。老夏在齐家的地位仅次于白石老人，齐家人觉得来者不善，要挟她不能和老人结婚云云，最后以看护的名义留了下来。在1944年或1945年的冬天，齐白石画了一幅《墨虾》，题字中说："南檐冬暖，护者磨墨。"其中的"护者"应是指夏文珠。

齐、夏并没有夫妻之名，但有夫妻之实，暧昧新闻多见当年的大小报纸。然而，夏文珠还是于1951年离开了齐白石，老齐郎涕零赋诗："一朝别去无人管，始知文珠七载恩。"

马连良之子

齐白石与马崇恩，1945 年 11 月 10 日

齐白石、马连良二人皆大名鼎鼎，但他们之间的交集仅见这张合影。

此照是白石老人和马连良的幼子崇恩的合影，是老人在抗战胜利以后有明确时间记录的第一张照片，时在1945年11月10日。此际，他画了一幅有七只雏鸡的水墨画，题字说："卢沟有事后无画兴，今秋翻陈案矣。"

11月10日，马连良为长子崇仁在北京的六国饭店举办婚礼，来宾二百余人，白石老人应邀证婚。下午三点，新人开始行礼，所有人都是站立，唯老人端坐中席，身穿蓝色棉袍、青色马褂，手挂红漆龙头拐杖，胸前挂一个玉葫芦，宛如南极仙翁。关于这些"道具"，他的女学生王令闻曾说，齐老师在80多岁时皈依在了一位60多岁的和尚名下，受赐三样宝物：腕珠、龙头藤杖、玉葫芦（《齐白石全集》中称此杖被使用近30年，当不可信）。具体是哪一年皈依，我暂无从考证，而约从1945年开始直至生命结束，这根藤杖和玉葫芦成了齐大师的着装标配，最后带进了棺材。

婚礼当天应当拍摄了多张照片，如今仅见这张，婚礼后十天刊登在了《生活》报上，报道名曰《老艺术家和小艺术家》，可惜其中将"崇恩"误写成了"崇龄"。而到了1955年，齐白石还曾为《生活》报十周年作画祝贺。

王绍尊

齐白石与王绍尊，1946 年

王绍尊（生于 1914 年）是齐白石的篆刻弟子，自称在北京上中学期间拜师，但我未找到原始文献。

这张合影是我在写作后期才发现的，十分重要，为什么呢？照片中的齐白石挺直了腰板，紧握细直且长的拐杖，表情严肃，目光如炬，银须随风，背景是坚不可摧的铁栅栏，整个照片透露出一股刚正、肃杀之气。多位学者认定此照是在抗战期间拍摄，逐渐成为了老人在抗战期间的代表照片。在拍摄这张合影的同时，摄像师还拍了一张白石老人的坐像，（另见剪切后的胸像于《彭友善》一文）。我原本根据老人的相貌和拐杖的款式，将时间缩小到了抗战后期，但在《绍尊刻印》中，标注的时间是 1946 年为王绍尊 32 岁时所拍。此年，他刚从云南回到北京。

如今，还可以见到 1947 年齐白石所题的《绍尊刻印》书名，据说还题写了《绍尊印存》。这一年，师徒之间发生过一件雅事。王绍尊买到一套《白石印草》，拿去请齐老师题字。老师在题字中说：此册有十本，门人以重金从场肆买来，想是我的子孙此前拿去换了百钱斗米。今日重见三叹，题记归还王生。齐家居住的人员众多，"内贼"已经不是秘密，这就是白石老人经常把一串钥匙随身携带的原因。而老人所说的"此印册有十本"是指一套 10 本，收录了他 1930 年至 1931 年所刻印章 446 枚，于 1933 年秋天拓制了 6 套。

故都文物研究会

(左起)张半陶、吴伯康、张继、杨啸谷、张志鱼、溥心畬、陈半丁、黄宾虹、齐白石、曹克家、邵章、汪吉麟、胡佩衡，1946年3月12日

抗战胜利之后，从1946年开始，白石老人的生活逐渐忙碌起来，照片也多了起来。

3月12日下午，故都文物研究会在中山公园成立，张继（溥泉）、张半陶分别任正副会长，齐白石、黄宾虹、溥儒、陈半丁、邵章、胡佩衡、吴伯康、张志鱼、杨啸谷、曹克家等人应邀出席，当日留下了这张珍贵的合影。何谈珍贵？起码这是目前所见齐、黄最早同框之照。二人在抗战期间同客北京却鲜有交集，盖因志趣各异。此外，故都文物研究会就是本年冬天齐白石、溥心畬在南京、上海举办联展的主办单位，北方的执行人是张半陶、曹克家。

齐白石和文物研究会有什么关系？据1937年3月《华北日报》

载，齐白石曾被聘为古物陈列所古画研究室的审查委员。但是，他与合影中的多位"老朽"相比，对古代字画的涉猎谈不上广泛，更谈不上有多高深的学术造诣。白石老人并无收藏癖，几十年间偶见中意的古代字画，或是心领神会，或是勾描轮廓后归还，鲜有购买、临摹的经历，与常言"取法乎上"的学艺理念并不吻合。这或与他的出身、经历有直接关系。当然，对于艺术，上帝也许是在创造另外一种可能。齐白石的艺术风格不存在呼上或者呼下，完全遵循自己的审美认知，既有取法高古，又有目之所及。即便对于收藏，他也有独到见解。戊寅年（1938）正月初五，齐白石刻了一枚"齐白石藏"印章，在边款中夸张地说，我此前所见的古代字画全无真迹，所以三百石印（自号"三百石印富翁"）中无收藏印，今日看到黄慎所画《采花图》实在佩服，所以刊刻此印纪念。如此收藏理念还有多次体现，他曾在一幅早年为胡鄂公所作《墨梅》（上海博物馆藏）上题字说"有眼应识真伪"。而在多年之后，他又刻印"白石老年赏鉴"，态度似乎圆融、理性多了。

康正平

  1945年10月，康正平作为摄影师随军北上。丙戌年（1946）二月，他以《良友》画报记者的身份采访了溥心畬、程砚秋。之后，在画家刘凌沧的带领下拜访了白石老人，康正平为老人拍照12张，老人回赠一幅《墨虾》。

  康正平所拍齐白石像我只见到3张——作画、休息、送行，背后皆钤盖康氏印章，但将时间误标为1945年冬。1946年12月，上海《寰球》杂志刊登了康氏的摄影专版《介绍齐白石先生》，展示了3张人像、3幅书画。人像之一是白石老人坐在专属的躺椅上休息，目光如炬，背后的墙上挂着近作；之二是老人正站着创作荷花；之三是1946年11月10日，在沪拍摄的赵清阁等人与老人合影（见《女弟子》一文）。前两张应在12张之列。另一张老人双手拄拐的独立半身像，猜测是在分别时所拍。专版中刊登的书画之一是篆书对联，之二是《鸣蝉》，之三的《墨虾》推测便是老人所赠，题字颇具齐氏幽默："钳虽小，竟敢欺龙。唐人句：龙游浅水遭虾戏。"

齐白石像，丙戌年（1946）二月，康正平拍摄

王令闻

齐白石与王令闻，约 1946 年 4 月 28 日

齐白石的女学生众多，王令闻便是之一。她收藏了 4 张齐老师的照片，因 1949 年移居海外，所以并不常见。近年，拍卖会中出现了多幅齐白石为王令闻所作书画，足见往日的师生交情。

王令闻（生于 1916 年）名保今，斋号握香簃，家境殷实。她是齐白石在北平艺专任教时的学生，1935 年入学，1938 年毕业时齐老师已经离任。她的画与齐师不同，常画徐操一脉的工笔仕女，1942 年、1943 年举办过个人展、联展。

王氏多才多艺，能弹古琴，能唱京、昆（张充和《曲人鸿爪》中有专文介绍）。同时，她还是一位时尚的现代女性。从十几岁便多用"保今"之名，以歌舞明星的身份出现于各类杂志，1930 年就参加了明月社在开明大戏院的演出，与妹妹王保筠等人共同演出儿童歌舞剧《明月之夜》。

在艺专上学期间，王令闻曾将齐老师在课堂上示范的画稿剪裁后装裱，再拿去请老师题字、盖章。如今可见齐白石在1940年为她所作的《花卉蜜蜂》，1945年作《荔枝》扇面，1947年作《荷花鸳鸯》。另为她的画卷题引首"读雅精神"，并刻印"令闻作画"（首都博物馆藏）。

　　这张白石老人和王令闻的合影，令闻在背后写明了是1946年4月28日在庆林春（饭店名）拍摄的，其余3张均在1946年5月12日。照片上的齐老师神情放松，王令闻衣着时尚，虽已30岁，但尚未结婚，在等待她的心上人归来。1947年，令闻与篮球国手王玉增（1936年参加奥运会）结婚，白石老人证婚，并画《荷花鸳鸯》祝贺。王令闻回忆说，这张画是由老师的门房尹春如（人称老尹）送来的，我一见就很喜欢，忙着给赏钱。老尹回去后对老师说："老爷，下月您赏我工钱时，也给我画一张给王小姐那样的画儿吧？"之后，老尹收到了画时却问："我的怎么是一个荷花、一只鸟呢？"答曰："你要鸳鸯何用！"盖因老尹是个太监。

　　下文介绍王令闻收藏的另外3张齐白石照片，皆妙趣横生。

老当益壮

(左起)王令闻、齐白石、夏文珠，1946年5月12日

王令闻住在西单辟才胡同，临近齐白石家，因此多有往来。1946年5月12日，她邀请齐老师去中山公园游玩，在古柏前拍下了这张合影。三位都是满面春风：两位女士衣着时尚；在古老的殿宇和古柏的映衬下，白石老人更显得"老当益壮"。在此多言几句，抗战期间，齐白石深居简出；丙戌年（1946）五月七日齐白石画了一幅《雁来红》，题字说"吾不见公园之老柏已十余年"。事实上，他从1945年秋（抗战胜利后）到1946年夏天之间，曾多次到过公园，他之所以这么说，是因为这就是他常见的说话方式。

1946年5月12日这天，在看护夏文珠的陪同下，白石老人来到

齐白石画《老当益壮》

了公园，忽然见到徐行的学生队伍迎面走来，老人便提起拐杖跟了上去，直到队伍在石牌坊拐弯后才停了下来。王、夏二位女士快步追了上去，老人却说道："我就是想看看，我不比这些后生们走得慢！"这不就是齐白石常画的《老当益壮》嘛！

葫芦内是卖何药也？

齐白石像，1946年5月12日，王令闻拍摄

王令闻邀请齐白石到中山公园游玩，理由是请吃上林春的牛肉面，而老人竟然一连吃了三碗，着实把她吓了一跳。饭后，他们来到护城河边的茶座上休息，这里可以提供玫瑰枣、咸花生、不同价位的茶水。也许是热了，白石老人摘了帽子，一下子显得苍老许多。

王令闻对齐老师说：我给您拍张照吧？齐白石却说：我要准备一下。然后从衣襟里掏出了一个小玉葫芦，眯起眼睛往里看，并说道："我要看看这葫芦里有多大乾坤！"这不就是一幅画儿嘛！从青年到老年，齐白石画过多幅"铁拐李窥视葫芦"，比如1947年所画《铁拐李》，其上题诗曰："形骸终未了尘缘，饿殍还魂岂妄传。抛却葫芦与铁拐，人间谁信是神仙。"而葫芦里究竟是什么呢？齐白石还画过多幅"铁拐李目视仙丹"，有次一天画了四幅，第三幅上题字曰："尽了力子烧炼，方成一粒丹砂。尘世凡夫眼界，看为饿殍身家。"类似充满人生哲理的作品还有很多,再如1947年所画,题曰:"予老年眼之所见,耳之所闻,总觉人非,故尝作(画)问之。今画此幅问曰,先生此葫芦内是卖何药也?"

而据白石四子良迟说,在那个特殊的年代里,有个专栏里贴过一张用齐派风格所画的白石漫画:一个老头手里拿着一个葫芦,用眼睛往里看,标题是"葫芦里卖的是什么药"。

齐白石画《里边是什么》

思归时也

齐白石和王令闻，1946 年 5 月 12 日

可能是天气渐凉，白石老人戴上了帽子，或是夏文珠抓拍了这张四分之三侧面的照片。

此时，游人三三两两，北边的护城河里有人在划船，再往北是故宫的城墙，老人坐东朝西，若有所思。而在 5 个多月前的乙酉年（1945）十一月廿三——齐白石生日后第一天，他刻了一枚"年八十五矣"印章，边款中云："白石老人思归时也！"

战胜思乡

齐白石和盛成，1946 年夏秋之际

  这是齐白石和盛成的合影，1946 年夏秋之际拍摄于某公园。
  1933 年盛成、郑坚结婚，白石老人证婚。之后，他们多有交集：盛成曾作文《齐白石》发表于 1937 年的《逸经》，讲述了 1933 年岁末和妻子去拜访老人时的情形；1936 年冬，老人在徐悲鸿为盛成画的《双吉图》（上海嘉定博物馆藏）上补画了三只小鸡，暗指盛氏夫妇的三个孩子……到了 1945 年 10 月，盛成从重庆回到北京；彼时郑坚早已去世。一日，白石老人书赠《席上谢庆寿者》，诗中云："受降旗上日无色……太平看到眼中来。"所言乃抗战胜利后的10月10日,华北战区的日本军在故宫受降,当日白石老人赋诗《侯且斋、董秋崖、余倜视余,即留饮》(三人皆军人),后改名《席上谢庆寿者》。

1946年重阳节前后,盛成将赴兰州大学任教,去向老人道别,老人又在徐悲鸿为盛氏所画的《奔马》上题跋,自喻"战胜思乡、昂首远望"的"老马",叮嘱"盛成老弟"日后发达时,不要忘记自己的"战胜思乡"四个字(白石老人的言外之意是自己年老思乡,希望将来盛成能助自己返乡)。盛成也作诗《赠别白石老人》:"湘山一老最传神,天柱峥嵘九曲身。笔底含峰偏入俗,刀头无蜜却藏真。高年独醒哀清士,乱世求全作旧民。纸上修文人不怪,秋分送客自有春。"

另见一幅白石老人1946年,为盛成的第二位妻子李静宜所画的《寿桃》,推测与题跋《奔马》是在同时期。

长相见

齐白石和刘冰庵，1946年秋，齐白石签赠刘冰庵

刘冰庵寓居北京多年，在邮局任职除篆刻外，亦长于文字，常以"长白山农"之名发表文章。他和老师齐白石交往密切，多次为老师做事，比如代为邮寄东西、捉刀刻印，还参与过齐家的大小事务。

他1938年拜师齐白石时抗战已经爆发，所以见证了齐老师在特殊时期的经历。据白石四子良迟言，冰庵曾经收藏过一幅父亲1943年所画的《雁来红》，画上题字："西风秋景颜色，北雁南飞时节，红似人民眼中血。"于此，另提一言：齐白石曾有诗句"灯下再三挥泪看，中华无此整山川"，乃他1926年为胡佩衡所画山水卷的题诗，部分学者将之定在抗战期间。

到了1946年秋，刘冰庵的工作将调往辽宁，这张合影就是在他离京前所拍。齐老师在照片后题字："齐门高足冰庵长相见。""高足"本是敬词，而齐氏在此自夸，恰为其语言风格——另可见于多处。冰庵离京的具体时间不详，而在六月——启程的前一天，齐白石效仿恩人樊樊山"赠人以车，不如赠人以言"的方式题字送行，其中叙述了冰庵从学10余年期间的种种，一片赞美。据说还画赠《牡丹鸡雏图》一幅为别，惜今不可见。

1947年，刘冰庵又因工作被调往了兰州，并在此扎根多年。他为齐老师的艺术在西北的宣传起到了重要作用，当地报纸上凡是报道"冰庵"，多会言及齐白石。

于右任、曹克家、张镇

(前排左起)曹克家、张半陶、于右任、齐白石、溥心畬、谷春帆、张继、张镇；
(后排左起)夏文珠、(不识)、(不识)、张道藩，1946年10月25日

1946年，抗战胜利一周年，齐白石的大事件莫过于到南京和上海举办画展。

10月14日清晨（齐白石的"中国航空公司乘客定座及合同"单上的时间是13日，因有雾而改签），齐白石和眷属三人，并张半陶、溥心畬共6人先飞，这是齐白石初次乘坐飞机，在上海时还和汪亚尘合作了一幅《枇杷双吉图》，题字中说："亚尘道兄画鸡，弟白石画枇杷，时年八十又六，尚飞机来海上。"而与白石老人同机者，还有溥心畬、李墨云一行。此次是齐白石和溥心畬联合办展（双个展），也

是齐白石第一次直接参与并出席自己的画展。

当日到沪后，齐氏一行稍事休息，又于10月16日乘津浦路快车到达南京，这是白石老人初次到此。10月25日，画展在香铺营文化会堂（公余联欢社）开幕，共展出两百余幅作品，南、北代表张道藩、张半陶操持前后。据亲历者李霖灿说，作品均未装裱，直接钉在墙上，视觉效果一塌糊涂，吹捧者多，欣赏者少，甚至是有意安排现场气氛。又据记者报道最精彩的一幅画是齐、溥以及陈半丁合作的《白猿上寿图》，非黄金二两不易也。开幕式由于右任致词，据说其秘书刘延涛曾北上邀请齐白石，但我未见到原始记载。这张大合影就是在开幕当日由亚洲社拍摄的，齐白石和关东大汉于右任站在一起显得格外娇小，其中还有溥心畬、张继、张道藩、谷春帆、张镇、曹克家、张半陶、夏文珠，有一男一女不识，有的穿长袍，有的穿西装，有的穿中山装，多数人与白石老人关系密切，以下略述三位。

在南京的展览曹克家亦有参展（在沪展览期间，他与诸多画家一同陪展），有资料显示是齐白石、溥心畬、曹克家三代联展，但未见到详细记载。曹氏乃齐门弟子，以画猫闻名，此年齐老师曾为之画《牡丹卧猫图》，题字中说曹氏画猫"可谓绝伦"，向我求画猫，我畏之，重题旧作赠送。如今，还可以见到多幅曹克家画猫、齐白石补成之作。

再说张镇（生于1899年），字真夫，是齐白石的湖南同乡，时任南京卫戍区司令，此次白石来宁，他接待前后。二人渊源暂不知晓，但在此年春天，张镇在北京，齐白石为之画《菊花延年图》，上款称呼"真夫仁兄乡先生"。在南京期间，又为他画了一幅3米高的《高立千年（松鹰图）》，隔天又作篆书巨联《持山作寿、与鹤同俦》，二作皆可谓齐氏书画极品。而约在此前几日，蒋氏六十寿辰，白石老人赠送同题同样的书画（据说是从北京带来的），尺幅相较略小。此外，老人还为张氏画《挖耳图》、刻印等。

展览开幕两日后，于右任在宁夏路2号官邸宴请齐、溥二人，陈树人、邹鲁、汪东、彭醇士、郑曼青、陈芷汀、潘絜兹、周惺甫、贾景德、刘禺生、卢前、王新命、严敬斋、李伯纯等二十余人作陪。宴后，众人开始笔墨游戏，陈芷汀开笔画墨竹，邹鲁继而画兰，再汪东画梅，最后均由溥心畬补石并题"穆如清风"后赠送于右任，推测这是一幅手卷。之后重新铺纸，齐白石依次画鳜鱼、鲢鱼，并书篆体"长年大贵"后赠于氏。于右任则应邀题写了"湘潭齐白石墓"，落款时不愿写"中国民国某年"，而是"中华民国万岁"。此事当年多见报载，并称12年前（1934年）就曾题过"齐白石先生之墓"，齐氏曾担心被敌伪发现而销毁了。事实上，于氏所题并非"齐白石先生之墓"，而是"处士齐白石之墓"。"处士"二字与彼年齐氏处境较为契合，如今则改成了籍贯，或因其年老思乡之故。况且，齐白石早已享得大名，处士已与实际身份不符。

齐、于之交，更早可见1932年于氏为齐氏所题《家庆国光》，并为《借山吟馆图》题诗等；牵线人是徐悲鸿。这年，徐氏多次致信齐白石，其中谈到请于右任题《借山吟馆图册》之事。于氏还曾为《白石诗集》《白石诗草》《白石画堂》题签，并为齐氏书对联、扇面；齐则为于刻印多枚。另见在1937年，由张醉丐作诗、齐白石书写、吴迪生镌刻扇骨，祝贺"右任院长六十双庆"。

如今，于右任所题的"湘潭齐白石墓"尚在，落款的"中华民国万岁"已经不见踪迹。

芝木匠和旧王孙

齐白石和溥心畬，1946年10月25日

抗战期间，齐白石、溥心畬均以不同的形式维持了民族气节——这是他们得以南下在"首都"举办画展的前提。不过，此次活动的北方代表、故都文物研究会的副会长张半陶与理事长曹克家一同先去邀请陈半丁而遭到了拒绝，会中其它理事也都婉拒了，唯有齐、溥二氏各有私心，均同意了。

这张合影拍摄于10月25日画展开幕式当天。二人并坐，似乎并不默契。齐白石左手扶椅，右手紧握拐杖，身体略微前倾，神情凝重、坚定；溥心畬则端坐自如、松弛，一脸恬淡。他们能举办联展堪称一道风景线，盖因齐氏出身木匠、溥氏则差点继承皇位，一个被人成为"芝木匠"，一个自称"旧王孙"可谓出身悬殊，而且画风迥异。如今可见多张二人同框照片，貌似熟识，实则生疏；我未有见到明确的二人之间主动互为题跋或者唱和之作。

在南京期间，蒋氏曾召见二位，并欲授以"国大代表"。溥氏欣然接受，自称"星塘白屋不出公卿"的齐白石却婉拒了，此举为他日后走向巅峰的地位增添了浓重的一笔。诚然，齐氏极少参与政治、时事活动，窃以为此事并非他有多么高瞻远瞩，身居北京、年事高迈似是拒绝的重要理由。

罗寄梅

齐白石像，1946年10月下旬，罗寄梅拍摄；1950年齐白石签赠曹敩

这张齐白石的头像，我所见之最早是出现在1949年由胡适主编的《齐白石年谱》中，标注由罗寄梅拍摄。

抗战胜利后，罗寄梅、刘先夫妇从甘肃返回内陆，活动于沪、宁之间。关于拍摄时间，我遍寻资料，最终见于1946年10月28日南京的《新民报》，标注为齐白石到达南京时所摄，并被作为笔名"一青"者之文《齐白石》的配图，同时刊登了一幅白石老人1945年所作的《三余图》。此照另见1950年齐白石签赠篆刻弟子曹敩，可惜目前查无此人。

此外齐、罗还有一次间接交集。1977年，罗氏夫妇在伦敦拜访凌淑华（曾随白石学画）时受赠齐氏早年所书自作诗一幅，诗曰："阿华相别太无情，留得青天空月明。画里灯如红豆子，风吹不灭总愁人。"

周炼霞、吴青霞

(左起)周炼霞、齐白石、吴青霞,1946年11月6日下午,刘旭沧拍摄

齐白石、溥心畬在南京的画展,报载受到了上海多方名流的联合邀请,又转场至沪上。事实上,这是提前安排好的。

1946年11月6日傍晚,齐、溥从南京乘火车到达上海北站。因为晚点,到站时部分前来接站的要人已经离去,留下的多是大专院校的学生和年轻的艺术界人士。白石老人下车后,上海美术学会代表周炼霞、吴青霞簇拥上前献花,据报载还有艺术师范之学生代表沈翠莹。耄耋山翁面对鲜花美人,老齐郎喜不自胜。此照乃老人南下其间最经典的照片,拍摄者是刘旭沧,刊登在了次年的《中国生活》画报上,同被刊者还有一张老人的头像及三幅画作。类似的接站镜头还有几张,发表于不同报纸。而有报纸将吴青霞误作"鲍亚晖",或将另

齐白石像，1946年11月6日下午，刘旭沧拍摄

一种镜头中的齐白石、周炼霞从合影中抠出来刊登。

　　周、吴彼时已是著名画家，为何请二位献花不得而知，至今未见二人与白石老人之间的书画往来。而在11月26日的《国际新闻画报》上刊文《齐白石来沪，忙然金鱼画家》，其中将齐白石与吴昌硕、王一亭相比，声称齐氏所画"粗犷恶浊，实在要不得的"，并言此次欢迎齐氏最起劲儿的是"金鱼画家"和"打扮的奇形怪状的周炼霞"。"金鱼画家"即吴青霞，擅画鱼。

刘旭沧

(左起)火车工作人员、哈定、张充仁、虞文、徐蔚南、周如瑛、齐白石、吴青霞、夏文珠、(不识),1946年11月6日下午,刘旭沧拍摄

白石老人一行到达上海北站后,刘旭沧(生于1913年)拍下了这张出站时的镜头,照中还有张充仁、徐蔚南、虞文、哈定、周如瑛、夏文珠、吴青霞,余者不识。夏氏左手持花,右手搀扶老人;而老人杖履清健,似乎并不需要照顾。刘旭沧、哈定、周如瑛都是张充仁的学生,虞文则仅知是上海美术界的活跃人物,而作家徐蔚南的出镜较为罕见。

和平日的摆拍相比,这张动态镜头更显珍贵,原本用于登报,却因不够清晰而被放弃。日后,张充仁在照片后题字以纪事,并记录了人名。

风尘仆仆

齐白石和溥心畬，1946 年 11 月 6 日

  这是由《申报》记者于 1946 年 11 月 6 日下午拍摄的齐白石、溥心畬到达上海北站时的合影，次日即见报。照片中的二人形容均略显疲惫，彼时白石老人近 83 周岁，溥心畬刚过 50 周岁。

  白石老人此行，多家报纸称是"初来"；其实他在 1903 年、1909 年（两次）就曾到此游历。

张道藩

齐白石和张道藩，1946 年 11 月 10 日

齐白石到南京举办画展，另有一件声势浩大之事，即政要张道藩的拜师。这张照片是师徒之间唯一的双人合影，背后悬挂着齐师的画作。

1946年的张道藩，父母双亡、政坛失意，可谓寂寞凄凉，于是转向了文艺界，实则醉翁之意不在酒。6月间，他以文化运动委员会主任委员的身份北上游说，在北京的演讲触动了故都文物研究会的负责人张半陶，二人达成了在南京举办画展的意向。而在张道藩离开北京前日，齐白石为之画《红菊》，上款称"道藩仁道兄先生"，并说道藩此行是"开导一切，同人造福"，画上钤印"白石相赠"。

拜师典礼定在11月3日，于右任、吴稚辉、陈果夫、陈立夫、梁寒操、邵力子、张继、谷正纲、甘乃光、罗家伦、杭立武、傅斯年、吕斯百等百余人参加，设席12桌。18点，仪式开始，张道藩向齐白石行三鞠躬之礼而非跪拜礼，其中曲折不再言说。拜师礼是衣物二件、白木耳、燕窝等；回礼是一幅《仲尼问礼图》，题曰："孔子昔曾问礼于老聃，道藩仁弟欲师事于予，其亦问礼于老聃之意欤？"据1946年的《申报》载，张氏声称拜师后不再从政。

当天现场，吴稚辉哼唱了无锡小曲，山药蛋（杨生云）献唱《万寿无疆》……如此盛大场面，理应多有照片存世，然大小报纸上只见文字，均无图片，猜测必有蹊跷。即便是这张师徒合影，也是次年才刊登于《周末观察》。但是，此照并非拜师当日所拍，而是11月10日下午在上海的画展开幕现场，盖因张氏着装与当晚赵清阁等人拜师合影中一致。

1947年，《美》杂志半月刊上先后刊登了两幅齐白石题字的张道藩画作，所题的无非是些赞美之辞。此外另见齐老师所刻"张道藩"印章。而对于张氏拜师，白石老人的看护夏文珠在两年后说，张道藩虽是政治要人，老人并不以此为荣，好像不愿提起。

女弟子

(后排左起)赵清阁、曹克家、杨岫晴、张半陶、张道藩、蒋碧薇、雷佩芝，1946年11月10日，(上)郎静山拍摄；(下)康正平拍摄

这两张近似的合影是1946年11月10日晚，由郎静山、康正平拍摄，笑脸多者是郎氏所拍，均发表于当年的报刊。

这天下午，齐白石、溥心畬在沪的画展于兴中学会开幕，到场两千余人，国泰影片公司还用12个水银灯拍摄了各种新闻片，郎静山之女毓秀（与前妻翁瑞莲所生）唱歌助兴……当晚，张道藩在上海的文艺小憩俱乐部设宴，邀请百余人，涉及政商文艺各界。政商要人不再谈及，而据到场者的京剧老生周信芳记载，谭富英、洪深、郑午昌等人在场。

据多家报纸报道，当晚赵清阁、雷佩芝跪拜（区别于张道藩的鞠躬）白石老人为师，又据《世界日报》载，蒋碧薇、杨岫晴也拜了师，这张合影即拜师照，其中还有张半陶、张道藩、曹克家。除张半陶不确定外，余者均为老人的新旧弟子。

此时的赵清阁（生于1914年）已是卓有成就的文学家，齐老师曾于此际为她画《雏鸡》。另有1952年所画的《老鼠灯台》。

雷佩芝（生于1909年）是郎静山之妻，暂未见到齐师为之作画或有其它交集。据当时的《今报》载，张道藩电话邀请郎静山到宴会上摄影，适被雷佩芝接听，雷氏便请求引荐拜师。

蒋碧薇（生于1899年）是齐白石的故交徐悲鸿的前妻，此际与张道藩是同居关系，张的拜师，她曾积极促成。在宁、沪期间，齐老师曾为她画了一小幅《墨兰》，寥寥几笔，应是应酬之作。1948年三月，老人再为之画《菊花》，题字中称"苦思重游"。

杨岫晴（生于1927年或1928年）是杨虎（啸天）和田淑君之女，此时是上海美专的学生。报载她拜师之后，齐老师为之改名晴风。可惜未见老师为之作画。在白石老人到沪之初，杨虎曾为安排住所，老人也为他作篆书对联等。几年之后，杨虎迁居北京，他的第九个太太陶圣安亦拜在老人门下，老人为他们作画甚多。

郎静山、雷佩芝夫妇

齐白石像，1946 年 11 月 6 日之后不久，郎静山拍摄

齐白石与郎静山、雷佩芝，1946年11月6日之后不久

  白石老人的这两张半身坐像十分经典，有漂亮的胡须、标志性的藤杖、胸前的小玉葫芦，拍摄者是摄影大师郎静山，时在1946年11月在上海展览期间。

  两张都是摆拍。脱帽那张应在室内，曝光较少；目前还可以见到右下角钤有"齐白石"印章的版本。另一张在室外，以树为背景，今可见到郎氏壬寅年（1962）七月签赠"少陵先生"的版本。另有一张郎静山、雷佩芝夫妇在此景下与老人的合影，从照片的构图上来看，应是郎氏自拍。

张充仁

齐白石塑像，张充仁塑

  白石老人在沪期间十分繁忙，一方面，来客络绎不绝；另一方面——要赶画，他甚至写过一个"今日需画数件出，沪客来不能停笔，莫怪"的告示。而张充仁意欲为老人塑像，因为此事耗时较长，老人本不愿意，经过"讨价还价"后还是同意了。据张充仁说老人住在沧州饭店，但我未查到相关资料。

  张充仁（生于1907年）曾经留法，此时已经名声大噪，曾为"太外公"（实际关系复杂，有兴趣者自查）马相伯等名流塑像，十多年前就在沪上举办过轰动一时的画展。此次他为齐白石塑像，前后去了两次，还让学生哈定为老人画了一幅头像速写。在塑像过程中，另一位学生刘旭沧拍下了这个镜头，刊登于11月23日的《申报》，同版面还有俞剑华等人所作的关于老人的文章。

张充仁为齐白石塑像，1946年11月6日之后；11月23日《申报》刊登，刘旭沧拍摄

塑像完成之后，白石老人或许满意，或是逢场作戏，当即为张充仁题字，称赞其为"泥塑之神手也"！

北平美术作家协会

(前排左起)宋步云、王临乙、徐悲鸿、宋慧京、齐白石、夏文珠、戴泽,(后排左起)叶正昌、王静远、黄养辉、吴作人、孙宗慰、刘铁华、艾中信,1946年12月21日

这张大合影很常见,多有学者认定是在北平美术作家协会成立时所拍,时在1946年12月21日。但从10月17日的《华北日报》上可知,该协会是10月16日在朝阳门大街励志社北平分社处成立的,吴作人任会长,徐悲鸿任荣誉会长,齐白石、朱光潜、邓以蛰、溥心畲为会员。然而,齐白石因南下办展,已于10月14日离京,显然这不是成立时的合影。

此照的确是拍摄于12月21日,彼时,齐白石已经回京近一月,但地址是在洋溢胡同14号——吴作人、宋步云、李宗津合住的院子。是日,协会的部分成员在此联欢,其中有徐悲鸿、吴作人、李可染、王临乙、王丙召、宋步云、卢光照、高庄、戴泽、董希文、齐子如（多误认为叶麒趾）、齐人、叶正昌、王静远、黄养辉、高庄、宗其香、孙宗慰、李宗津、刘铁华、冯法祀、艾中信、夏文珠，前排小孩是宋步云之子宋慧京，另有一位不知姓名（高庄旁边女性）。

7月31日，徐悲鸿回到北京，之后发起、成立了北平美术作家协会，与张道藩在南京主持的中华全国美术会分立南北。合影中的多数画家属于徐派体系（即现实主义题材，写实主义手法），且多从重庆等地而来，汇聚北京不久，便成了北平艺专师资的核心力量。其中缺乏现代派和传统派画家，而齐白石的画风也与徐派并不契合，却能被他们众星捧月，除了二人的旧交情、齐氏画艺高超等因素外，还有徐悲鸿拉拢人才的原因。

再说齐白石与北平艺专。自从1937年4月结束聘期后齐白石未再任教，直到1947年2月由徐悲鸿再次聘请出山，但之后一波三折，此处不再赘述。再看这张合影，看似和谐，实则暗流涌动（详见吴作人《追忆徐悲鸿先生》）。

徐悲鸿

1946年12月21日，北平美术作家协会成员聚会时，宋步云为齐白石和徐悲鸿摄影两张，一站一坐，一室外一室内。不少学者在介绍此二照时多将时间、地点误认，以下仅作出说明。

站像拍摄于室外，齐白石身着常穿的大衣，徐悲鸿手持册子。仔细观察可以发现，吴作人正站在屋内透过窗户向外观看。据参加者戴泽回忆，当天的宴会就设于吴的房间。吴作人曾经在欧洲留学，此际正遭到美术界反对势力的排挤，恰好被英国方面邀请访问，不久之后他便带着徐悲鸿的托付出国了。

坐像是在室内拍摄，二人都脱掉了大衣，白石老人的小玉葫芦露了出来，不变的是徐悲鸿手中仍拿着册子。

齐、徐相交近20年，这次相聚多有合作，比如徐画蜀葵，齐补墨虾、青蛙。而在此年1月，徐悲鸿尚在重庆时，曾联合沈尹默举办了一场齐白石画展，1月7日在两路口社会服务处，展出作品30余件。这背后发生了什么呢？军政要人侯吉晖（且斋）到重庆开会，曾将老人的画作带到四川代售，因故未果，辗转到了徐氏手中，遂有画展一事。

齐白石和徐悲鸿，1946年12月21日，宋步云拍摄

李可染、段天白

(左起)段天白、齐白石、李可染，1947年春

在之前两篇文章所言的聚会上，徐悲鸿向齐白石引荐了李可染，说：这是江南来的青年画家，非常崇拜你。齐大师似乎并未在意；然而，之后他的态度发生了大转弯。

允诺介绍李可染拜齐白石、黄宾虹为师，是徐悲鸿邀请可染到北平艺专任教的先决条件。此照乃拜师合影，1947年春拍摄于白石画室外。齐氏一生广收门徒，三教九流不限；李可染画得好，还是美专的副教授，能收入门下，自身也体面。这年春天，可染带着多幅画作去向白石老人请教，老人挑了一幅，题道："可与言。可染弟画。小兄白石。"此作曾经进入拍卖场，拍出了天价。此年老人还在可染所画《牧牛图》上题字，谦称自己是"多事加墨"，题曰："忽闻蟋蟀声，容易秋风起。"而在这年9月12日，《益世报》上刊登了多位名流为李可染所作宣传文字，齐白石称之为继吴昌硕之后20年间画坛最佳者。齐老师还为可染画过一幅五只螃蟹的水墨画，题说："昔司马相如文章横行天下，今可染弟书画可以横行也！"然而，这句话在特殊年代从画中被裁掉了。以上几次赞誉，足见白石老人对李可染的青睐。

  据李可染的夫人邹佩珠说，李可染是和齐子如一起拜师的。自古以来父不教子，子如早年曾拜陈半丁为师，此际拜父不知何故。而我们常见的此照，多是裁去了左边的段天白。因为他身着军装，我一开始以为是齐子如。据说在1944年夏，日本敌伪军队攻陷了他的家乡，子如弃笔从戎，与乡人组织起了武装力量对抗，战绩不菲。

  之后，随着研究的深入，我在一份罕见的1990年徐州文艺联合会的内部资料《文艺界通讯》第8期上看到了这张合影，左侧原来是李可染的徐州同乡段天白。段氏又名世昭，毕业于徐州艺专，曾随可染学画，后在可染的介绍下拜齐白石为师。而段氏从军多年，在第五战区艺术宣传队任职，后去了宝岛，这恐怕就是在今存的合影中将他裁去的原因。而段氏军人的身份，也符合白石老人愿意接近的对象的心理（齐良迟、齐良已都曾在军队中短暂工作）。至此，我有一个猜想，邹佩珠说李可染是和齐子如一起拜师，所谓的"齐子如"会不会就是段天白呢？

撷英雅集

（左起）汪慎生、胡佩衡、徐石雪、溥心畬、夏文珠、齐白石、齐如山，1947年7月28日，张居生拍摄

此照是为齐白石、夏文珠、溥心畬、徐石雪、汪慎生、胡佩衡的合影，张居生拍摄。这是我见到齐、溥二人的第五次同框。

1947年7月28日中午，《北平日报》的张明炜、季逎时组织北京艺术界的耆宿雅集，嘉宾有齐白石、齐如山、寿石工、胡佩衡、汪慎生、溥心畬、周元亮、吴镜汀、秦仲文、徐石雪、孙几伊、徐聪佑夫妇、吴光宇、贺孔才、徐燕孙、邱石冥、王雪涛、于非闇、启功等，另有报社中人傅芸子、詹辱生、汪松年、冯志翔、夏承楹、高璋卿共30余人，邵章、张海若（夫人杨嗣馨到场，她乃白石弟子）、陈云诰因故未到。到场者多与白石老人熟识，以下仅谈四位。

齐如山（生于1877年）自1919年和齐白石相识，几十年间同客京华，多有往来。早年，齐白石多次为梅兰芳作画；如山即为联络和执行人，而白石老人也多次为他作画、刻印。

张次溪曾在《指着死鬼骂活人》一文中说，齐白石和汪慎生（生于1896年）交好，多次合作，并讲述了一件往事：1936年二月底，张次溪和齐、汪同去郊游，先是去了花之寺罗聘遗迹凭吊，所见令人失望，之后又去琉璃厂游览观音阁，并逛书店、古玩店……

徐石雪（生于1880年）和齐白石之间有过的一次交集也与张次溪有关。为了身后的墓地之事，齐白石几立几废。壬午年（1942）正月十三，次溪陪他去陶然亭察选墓地。之后，次溪请徐石雪作《陶然亭白石觅圹图》，并请诸家题词。此图今已不见踪迹，但见王去病所画的《郊亭二百岁图》，其中齐白石三次题字。后来，陶然亭改为公园，白石老人的愿望再次破灭。

徐燕孙（生于1899年）曾委托别人送画给齐白石，包画纸上用淡墨写着："送上画二件……一件送齐先生……补篮桃，徐燕孙拜烦。"收到画后，齐白石将包装纸再次利用，画了一幅《双寿图》；可惜印章"白石山翁"盖反了。此画无年款，推测在1930年代中后期。而在己卯年（1939）四月中旬，白石老人曾为徐氏所画《二十四孝图》题名，并为《花木兰从军》一画作诗并题跋。

再说这次雅集。当日，众人陆续在一张高丽旧笺上签到，之后因纸中尚留大片空白，又合作一画。时间已过12点，白石老人在夏文珠的陪同下到场，稍事休息后签到。老人约在1947年至1952年间的签名，"白"字多写作圆圈，此次就十分明显。与老人并排签名者是早年拜门的篆刻弟子贺孔才，师徒关系一度紧张。签到后，老人又在陈半丁画的玉簪花的叶上添了一只蚂蚱，寥寥数笔却栩栩如生，众人为之叫绝。之后，寿石工、秦仲文依次作画，寿氏戏称二人所作为"禽兽（秦寿）图"，并作小词题于画上。溥心畬最后到场，午餐后在签到纸右下签名，并在玉簪花上补画一只蜻蜓。最后，由于非闇题字记事。隔一日，张海若为此作题跋。而在这张众星云集的画纸上，最年轻者启功，所画为苔藓；与会者谁能想到，此子他日成为一代书坛领袖。此画是目前可见启功和齐白石交集的唯二信物之一，另一是齐氏所刻的"启功之印"。

关于雅集盛况，傅芸子曾作《撷英雅集》一文，刊登于1947年8月15日的《北平日报周年纪念特刊》——报头由齐白石题写。

彭友善

这张照片在《王绍尊》一文中已作介绍,是王绍尊在1946年拜访齐白石时单独拍的。而1947年秋,白石老人在照片背面题字寄赠弟子彭友善,格式是其惯写的"某某弟子长相见"。

彭友善(生于1911年),字超真,精于中西绘画。在1930年代,其作品《洪水》《祖父之逝》就曾见报,颇有艺术感染力——但属于西洋美术体系。1946年(多数资料误记为1947年),于南京工作的彭友善在同事、白石老人故交马璧(时任国防部新闻局编译专员)的介绍下,"以通讯的方式"(马璧语)拜齐白石为师。此年,白石老人在南京举办画展之前不久,彭氏在上海举办了个展。而老人在宁期间,适逢蒋氏的六十寿辰,二人均送寿画祝贺。

再说马璧,其父马元亮是齐白石的故交(1913年相识),马璧是先和白石第三子齐子如认识,1935年才初见白石老人;在此之前二人已有文字往来。次年,马璧还介绍了同事杨隆生拜入齐门。

此照另有胸像版本,嵌于铸新照相馆专用卡版;约在1950年代,齐白石签赠钱芥尘之子祖让。

齐白石像，1947年秋，签赠彭友善

于希宁

这是潍坊画家于希宁来北京举办画展时的合影。

此展由刚卸任山东省主席、出任北平市长的何思源和艺术界同仁发起，于1946年11月15日至18日在中山公园水榭举行。在照片中，齐白石和黄宾虹居中而坐，另有于非闇、周肇祥、徐石雪、王雪涛、陈半丁、汪慎生、李可染、曹克家、陈缘督、徐燕孙、马晋等人，均为京中著名画家。照片上端所标时间是"十一月十五日"（阳历），而据《华北日报》载，11月8日，于希宁曾在安福楼宴请京中艺林硕望，齐白石、黄宾虹、陈半丁、周肇祥、徐石雪、徐燕孙、于非闇等20余人参加，与照片中人完全吻合。我猜测合影与宴请是在同一日发生——开展之日一次性到齐合影的可能性不大，在洗印照片时为留作纪念而有意写成了开展时间。

关于齐、于，于希宁曾回忆，在画展时，黄宾虹为他写了推荐信去拜访齐白石。

（前排左起）马晋、于非闇、周肇祥、齐白石、黄宾虹、陈半丁、徐石雪、汪慎生，（后排左起）曹克家、吴光宇、徐燕孙、于希宁、（不识）、王雪涛、（不识）、李可染、陈缘督、（不识）、王曼硕（存疑）、吴一舸（存疑），
1947 年 11 月 18 日

姜文锦

齐白石与夏文珠、李可染、姜文锦、邹佩珠、齐秉声等人合影，约1948年春

这张合影我经常见到，然而对于拍摄背景一无所知。

拍摄地点不详，最好辨认的是齐白石、夏文珠、李可染、邹佩珠夫妇及儿子李小可（生于1944年12月）。前排大一点的孩子，某君曾在照片左侧标注是白石老人幼子铁耕，然老人幼子名良末，乳名耋根，此子实为白石四子良迟的长子秉声，乳名是否为铁耕暂不追究。照片右侧，某君标注的拍摄时间是1948年。

先来谈李可染一家。在前文中已经介绍过李可染，而邹佩珠和白石老人也多有交集。1949年，老人为之作篆书对联"海为龙世界；云是鹤家乡"，堪称齐氏书联代表作。据李小可回忆，1948年他家搬进大雅宝胡同甲2号，住在后院的南屋，一家人住在10来平米的卧室，东墙正中挂着白石老人为父母画的《秋荷鸳鸯》，客厅挂着老人画的《樱桃》。

为了考证照片中人，我花费了很长时间。最先认出的是姜文锦（生于1906年）夫妇。姜氏乃齐白石弟子，但我未见他的书画，拜师信息仅见1946年月12月31日的《世界晚报》刊文《齐白石收徒，姜文锦昨拜师》，其中说拜师仪式是12月30日下午6点在庆林春饭庄举行，齐门弟子曹克家操持前后。姜文锦与李可染是徐州老乡，毕业于辅仁大学外文系，曾留美，后任北京市立图书馆馆长。1946年，齐白石为立传之事宴请胡适，邀请姜文锦、胡政之、陈半丁、邓广铭作陪。1948年，杨大钧拜师齐白石时，姜氏亦在场。师徒之间还有一桩趣事。1948年，一位年轻的美国女士范·阿斯代尔（Van Arsdale）要购买齐老师的画作，而姜氏精通英文，于是"男扮女装"多次与范阿斯代尔书信沟通。

另外认出的是邓广铭（生于1907年），旁边是他的夫人窦珍茹，在扶轮小学当老师。我原本认为此人是画家陈大羽，一是面部轮廓近似，二是在1947年秋，陈氏离京赴青岛之前曾赠姜文锦画作，题字中说此年初夏和姜氏相识，之后多次在齐白石、李可染家再见，所言细节与此照片中人物多有重合。后来，我意识到陈大羽实为邓广铭，曾与胡适、黎锦熙联合出版了《齐白石年谱》。齐白石多次为邓氏作画，也曾为其女可因作画《凤仙花》。邓广铭曾说，1946年5月他从四川回京后，受齐门弟子杨秀珍之托，为白石老人送去从四川购来的冬虫夏草之类的保健品。老人给钱然未受，言以画作及印章回赠即可，过些天果然得到了一幅《教子图》。所画的是一只公鸡和三只雏鸡，以鸡冠花作背景，右下角盖印"老年肯如人意"。

然而，我的"邓广铭"之论，在与一位师友的讨论后被否定了；看在二人都是齐白石故交的面子上，上段留存不删。合影中另外二人待考。

杨大钧

(上、下)齐白石与杨大钧,1948年4月18日

在此书写作进行接近尾声时,传来了一个令人兴奋的消息,杨大钧在1948年拜师齐白石的视频现世了——这是可见的白石老人最早的动态影像。

在齐白石的弟子中,杨大钧(生于1913年)属于另类。他是一位琵琶演奏家,彼时已经贵为北平师范学院的教授,然其爱好篆刻、绘画。关于音乐,据白石老人之孙佛来说,爷爷早年在家乡时好吹笛子,曾拥有一根嵌有螺钿的斑竹笛子,后佚于抗战期间。

杨氏拜师是由徐悲鸿促成,地点在徐家,时在1948年4月18日,媒体多有报道,嘉宾有齐如山、王青芳、李苦禅、李可染、吴幻苏、叶浅予、戴爱莲夫妇、田世光、黄均、姜文锦、艾中信、宗其香，另有美国《时尚》(Vogue)杂志发行人贝茨维支夫人、美国摄影师裘菲、东方艺术研究者乐斯珍小姐、加拿大艺术家罗女士等共30余人，拍摄由裘菲、叶浅予、艾中信三人完成。当日，大家还在院子中合影多张，惜今不可见。对我而言，视频中最珍贵的莫过于白石老人作画的镜头。

拜师典礼于11点举行；礼毕，杨大钧当众演奏《高山水长》。再后，老人当众画了一幅六尺对裁的《棕榈》，画上题字："大钧弟从事于余，必将青于蓝，苦禅道不孤矣。戊子二月九日，八十八岁白石老人同在桃花庵徐宅。"其中为何专门提到李苦禅？莫非在齐门弟子中他最通音律（酷爱京剧）？徐家的墙上除了挂着《棕榈》，还挂了几幅杨大钧的画作，以及多年前老人为徐悲鸿所画的山水。1950年代初期，徐氏重装此画并题诗堂纪事，但所题"1940年"明显属于笔误，推测当为"1930年"。下午1点钟午餐结束，杨大钧又相继演奏琵琶、古琴之曲，活动至4点始散。

如今，师徒之间的信物，还可看到有多枚齐白石为杨大钧所刻的印章，如"琵琶草堂""琵琶痴人"。

吴作人、李桦

(左起)李桦、齐白石、吴作人、徐悲鸿，1948年5月，希特立拍摄

在这张照片中，徐悲鸿、吴作人、李桦西装革履，独齐白石身着长衫——但在合影里却显得十分和谐。白石老人乃市井耆老，三人则是留洋新贵，且两方从事不同画种，之所以能走到一起，根本原因在前文《北平美术作家协会》中已经说明。

此时，徐悲鸿五十出头，却略显苍老，且已拄拐。关于他，前文多次谈过，以下只言李桦和吴作人，他们都是通过徐氏和白石老人相识的。

李桦（生于1907年）是版画家，曾留学日本，是徐悲鸿笼络的人才之一，日后成了中央美院版画系主任，此际刚来北京不久。他和白石老人之间的书画交谊，仅见1953年老人为之所作的《雏鸡觅食图》，十分精彩，画中钤印"白石相赠"。

吴作人（生于1908年）至少为老人画过两张油画、一张素描、一张速写。其中一张油画作于1946年，与徐悲鸿为之所作的油画像被常年放置在白石画室的立柜顶上；此作吴氏并不满意，于是就有了1954年的重画之事，乃白石老人坐在铺着兽皮的沙发上的全身像，此画堪称为白石老人画像之经典。与此同时，吴氏还画了一张速写全身像和一张速写头像。我未曾见1946年、1947年白石老人为吴氏作的画，而老人在1948年画了一幅水墨《螃蟹》，题字请"作人画友直论"。到了1949年，老人至少两次为"作人仁弟"作书，一是篆书大联"仁者长寿；君子让人"，堪称经典之作；另一是隶书立幅，其一生并不常写此书体。我还见过一幅约在老人生命最后几年为吴作人所作的《莲蓬蜻蜓图》，题字"栩栩枝头飞有意"，钤印"容颜灭尽但余愁"。

顺带说一下吴作人的妻子萧淑芳（生于1911年），她和白石老人相识于约1930年代初期。1936年冬，老人在萧氏所作《荷花》上题字鼓励,此作曾挂在她的书房。老人还曾为其刻印"萧淑芳氏""萧淑芳"。

也许你会好奇,在这张照片中,为什么徐、吴、李三人都是西装革履、衣冠楚楚?请看下文。

希特立（英国）

（左起）李桦、齐白石、希特立、徐悲鸿，1948年5月，吴作人拍摄

1948 年，英国人希特立从上海来到北京，受到了徐悲鸿、吴作人、李桦的招待，并于 5 月某日拜访了齐白石。这张合影由吴作人拍摄；而《吴作人、李桦》一文所谈合影即由希特立拍摄。

希特立（也被翻译成贺德立），是英国驻上海的文化领事，在华期间专注于中国木刻版画收藏，兼及中国画，遂与多位中国艺术家结缘。1946 年，张安治、张蒨英、费成武、陈晓南赴英国留学时，希特立曾给予帮助；1947 年，傅雷在给黄宾虹的信中说：英国文化委员会的朋友希特立在我家看到尊作后大为赞叹，欲择优摄影，寄给英国研究中国美术的苏立文，用于他写作《现代中国画史》。

希特立一生收藏了多幅齐白石之作，临终时将之赠予苏立文。此次拜访，齐白石是否有为希特立作画，目前尚不明晰。

齐子如

齐白石和齐子如，约1948年深秋

这是白石老人和三子齐子如的合影，拍摄契机不详。

和大哥子贞"坚守"老家不同的是，子如多年来往还于北京、湖南之间，与父亲的交往更为密切，抗战胜利后更是多次往返。1948年深秋，子如回乡，推测这张照片拍摄于此际。而在这年，齐白石思乡之心迫切，曾在旧作《青蛙》上题字，说"决有南还之举"。

据说，从1946年到1949年之间，齐子如曾在北平艺专、京华美专任教授，但未找到证据，纵有，也是零散性的教学。他最为人称道之事，莫过于促成了东北博物馆对齐白石作品的收藏。1950年，在老父的操作下，子如和胡文效（白石恩师胡沁园之孙）先后进入该馆工作，深度参与了齐白石作品的搜集、购买、研究、展览等工作。

顺带说一件轶事。1948年5月9日，上海的《立报》上刊登了笔名为"春客明"者的文章《齐白石防子如防贼》，所言大致是齐

齐白石像，约 1948 年深秋

如聪明过人，但不务正业，挥霍无度，学乃翁之画，惟妙惟肖，常常仿作、冒用乃翁名款，售诸厂肆，得钱花用鱼目混珠，人莫能辨，惟白石翁本人能识之，而齐白石无法禁止，只能严加防范，并叮嘱琉璃厂的画商云云。此论不知真假，仅供参考。

关于齐子如作画，请看《父子兄弟》一文。

杰克·伯恩斯（美国）

齐白石交往过的外国人士有很多，为他拍过照的也不少，但以美国《生活》杂志摄影记者杰克·伯恩斯所拍最为丰富，数量不详，我见到的有60余张（有些被裁剪过，倒致数量更多）。

1947年，杰克·伯恩斯被派来华，其间拍摄拍了大量照片。1948年10月，他结束了沈阳的任务后到北京采访傅作义；傅氏因故一再推迟，机缘巧合之下，杰克·伯恩斯走进了齐白石的家，介绍人或与李苦禅有关。拜访原因很可能与此年的7月26日、9月6日两期《时代》周刊上刊登齐白石的信息有关，尤其是说美国现代剧作家克利福德·奥德茨用1美元邮寄购买了齐氏所画《双虾》的消息。需要说明的是，《生活》和《时代》两家是同一老板。

杰克·伯恩斯拍摄了白石老人画"水墨虾蟹""牡丹"二作的全部过程，以及篆刻、休息、怜子（齐良已）、告别的系列镜头。从李苦禅、夏文珠同框的照片中可以看到，墙上的日历是"10月23日"一页。以下略述照片中的部分信息。

画室中有4张白石老人的画像。立柜顶上放着3张油画像：右边是吴作人1946年所作；中间是徐悲鸿1931年所画；左边的作者不详，水平似乎一般。画案后方的墙上还挂着一幅素描像，作者待考，猜测是周维善1935年所作。素描画像正下方的桌子上放着白石长孙秉灵（生于1906年）的遗像，他于1922年去世，老人心神大伤。桌子上还放着两个金灿灿的西洋钟，其中一个在画牡丹时被放到了画案上，时在上午10点多；二钟和画案上的诸多文房用品如今保存在北京画院。再看画案上，堆积杂乱，一侧的杂物顶上放着一幅《荷花》，旁边的低案上放着电话，或许与四子良迟有关；齐良迟好摆弄无线电，曾促成了在厦门的妹妹良止与父亲的通话。

白石老人首先画的是水墨《双蟹双虾》，从10点20分左右开始，用时10余分钟。全程主要用一支大羊毫笔作画——包括画虾钳，仅题字时改用小笔，我推测虾须也是用小笔画成。虽然在这次的系列照片中未能体现，但虾须的画法应该并非像齐白石后来在1950年代所拍视频中的那样——用笔从左往右，只需要转动画纸。

多数画家都喜欢猫，在整个作画过程中，一只大花猫在画案上随意走动。良迟曾说，父亲认为猫通人性，但到晚年才养，最喜欢"乌云盖雪猫"。老人一生有数次画猫，但与其它题材相比却显得稀少；他的学生曹克家则是画猫高手，老人多次为其作补景。而在1927年冬，老人临摹了一幅王一亭画的《墨猫》，但题字说自己画得不好，并称历来"只知道临摹者"至死也不会画好；所言正是——齐白石一生多自造稿本，较少临摹。

画完《双蟹双虾》之后，白石老人对镜理容，忽忆起他在1925年生日时曾作之诗："对镜能知老几分。"有趣的是，能明显看到立柜上锁着一把旧式铜锁，锁链垂得很长，不由使人想到了多位亲历者所言白石老人的腰间常年挂着一串钥匙之事。这是为什么呢？一是每日来客既多且杂，二是家庭成员构成复杂，此所谓家贼难防。

再后，齐白石坐到了画案对面，画了一幅《大富贵亦寿考（牡丹、寿石）》。该侧摆放着很多颜料碟子，即在此侧专画设色之作，而另一侧用于画水墨——如此格局数十年未变。也许是杰克·伯恩斯的主意，特意将钟表放在了案头，推测用来计算作画时长。从10点40多分开始，到10点55分结束，用时还是10多分钟。在盖印时，老人并未使用钤印板,而是直接钤盖。画室中什物凌乱,而颜料碟、笔洗却十分干净,这与我常见到的画家案头砚台恶臭、笔洗浑浊、颜料混用的场景截然不同,这也是齐氏画作中色墨明净的细节所在。

在画《大富贵亦寿考》期间,杰克·伯恩斯还拍摄了几张老人执笔时的手部特写,与大多数老画家无异。然而,这双厚实、苍老之手的主人,几十年间在不断转换角色,农民出身,木匠起家,画像匠继起,以写字、作画、刻印成家,终成一代大师。

再后是书写润格,幼子良末在侧。所用是小笔侧锋,并非常言的"中锋用笔"。此单被弟子李苦禅抄录了一份,或许是要送给杰克·伯恩斯。

随后,老人坐到了专属而又陈旧的躺椅上。地上放着约在1945年春天拍摄的照片,对比发现,容貌似乎没有太大变化。墙上挂着本年"九日"所书"停止收画件"的告示。我原以为是在新年的第九日,即正月初九,研究后才知道是九月初九——杰克·伯恩斯来访十多天之前,而正月初九他会写成"第九日"。

齐良末多次出现在镜头中,似乎是摄影师的有意安排。他身着新式服装,与衰老的父亲形成了鲜明对比。父子相差75岁,说是爷孙都会觉得爷爷太老,孙子太小。良末对着老父说着悄悄话的镜头,十分温馨,而父子对视,不由使人想起了"圣母怜子"。齐白石的心里很清楚,等儿子长大后他已不在人世了。

在休息期间,齐白石坐在躺椅上展示了篆刻。所刻是一枚小印,要刻边款时,看护夏文珠为他带上了眼镜。旁边站着的西装男子推测是介绍人或是翻译,有人认为是李桦,非也,何人待考。

送别的照片如今可见4张,其中一张是老人拱手告别,憨态可掬;另一张是摆手告别——这种开怀而笑的画面十分少见;第三张则肃穆冷峻，若有所思，这是老人的常态。在这三张中，老人的身前都站着两个儿童，一个是儿子良末，另一个是孙子灵根——白石三子子如的幼子。而在第二张中，老人背后铁栅栏内的走廊上还站着一个老妇人，姓名不详，应是佣人。在齐白石的日记中记载过的佣人有王妈、梁妈、严妈。在第三张的走廊上除了在干活的老妇人，还漏出了一半李苦禅的身体，他正站立着向外注视。第四张是老人独立的镜头，神情怅然若失。

齐白石作画的系列镜头（一），1948年月10月23日，杰克·伯恩斯拍摄

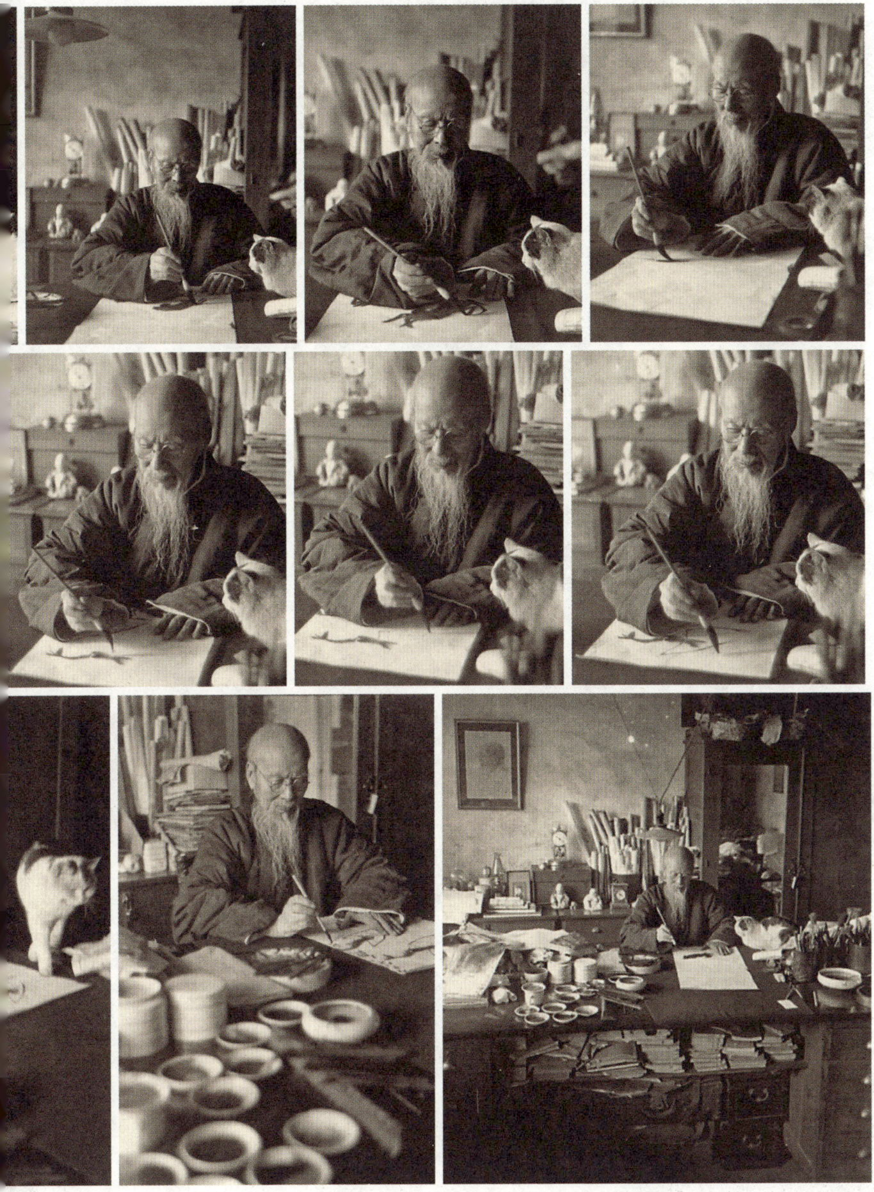

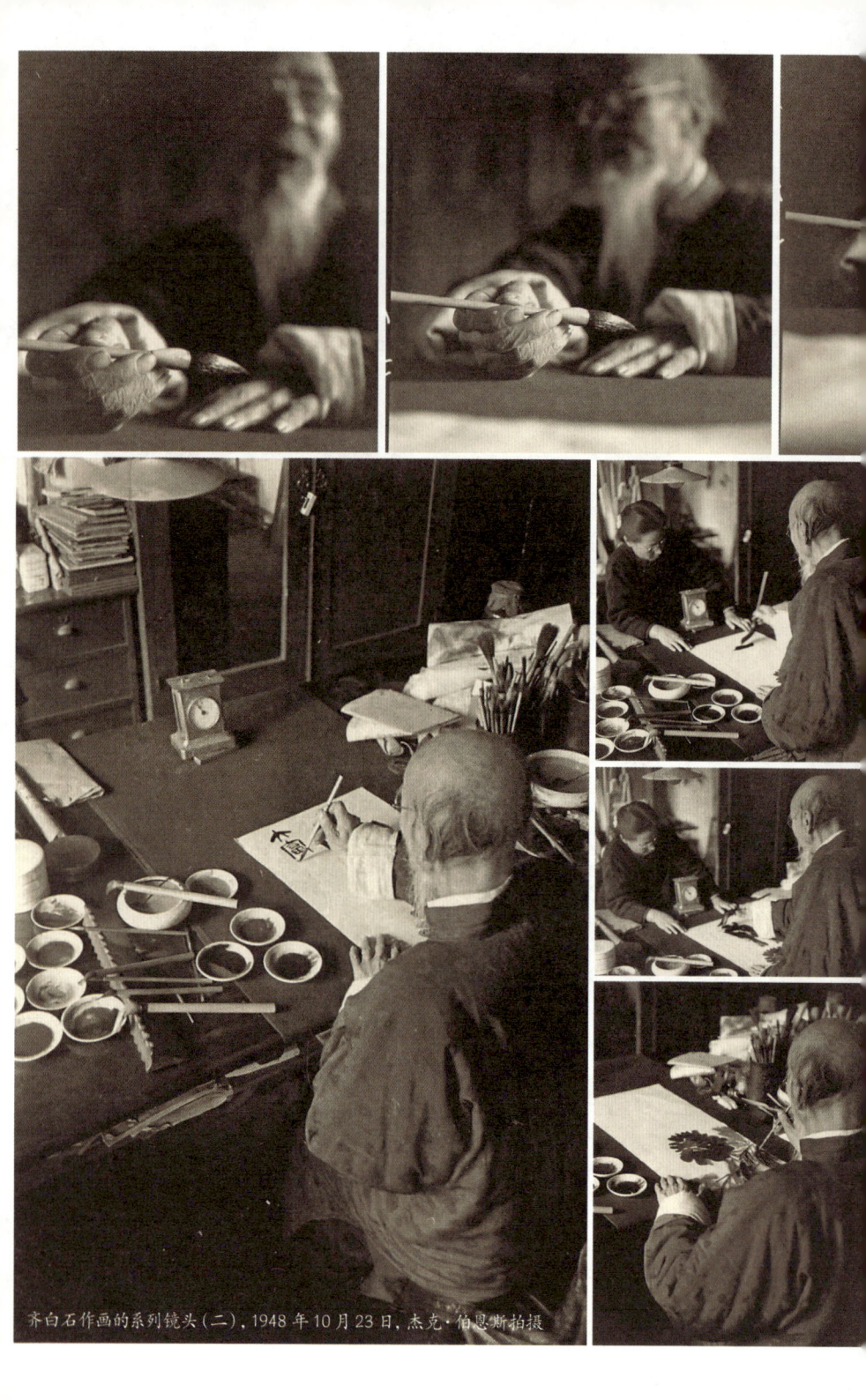

齐白石作画的系列镜头(二),1948年10月23日,杰克·伯恩斯拍摄

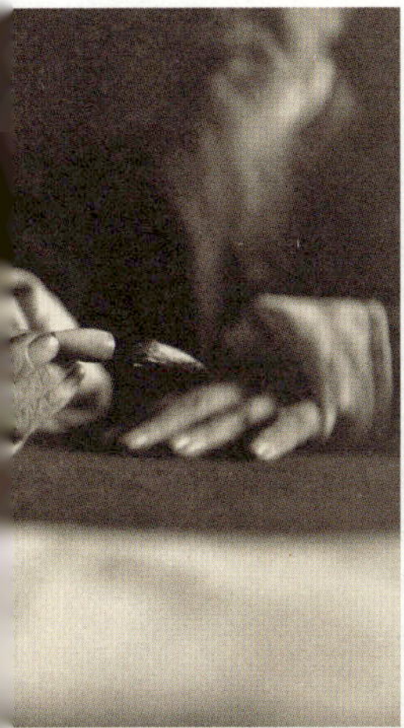

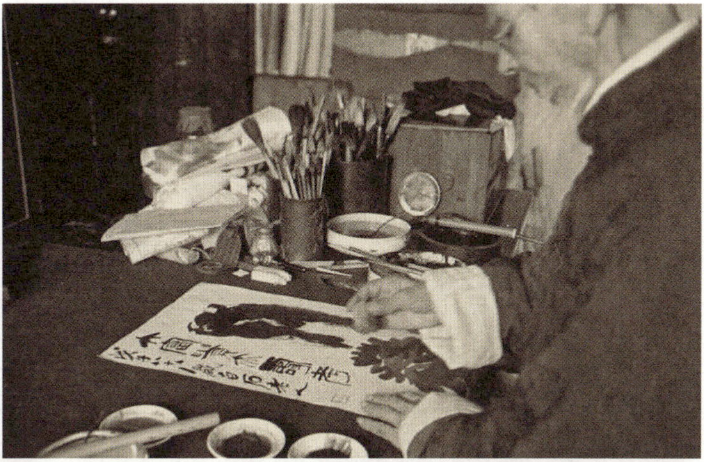

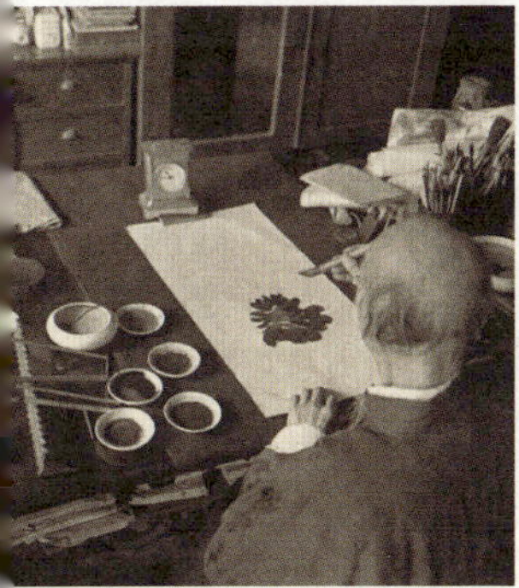

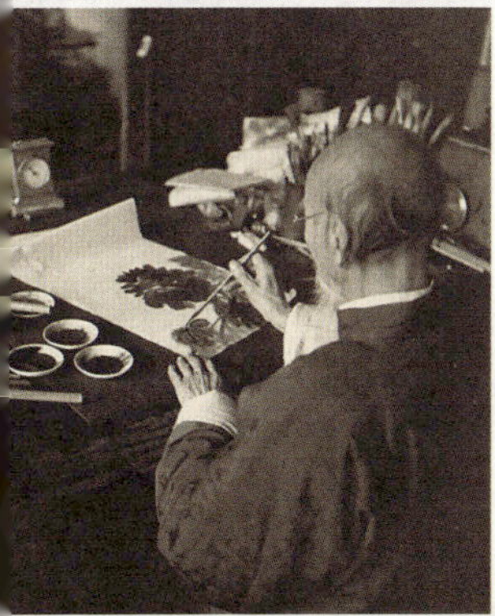

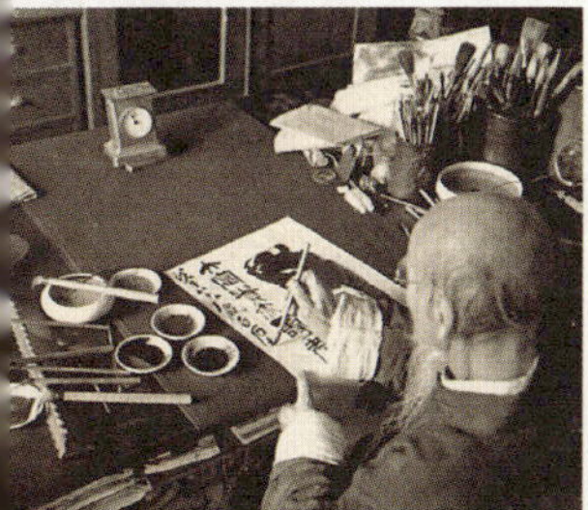

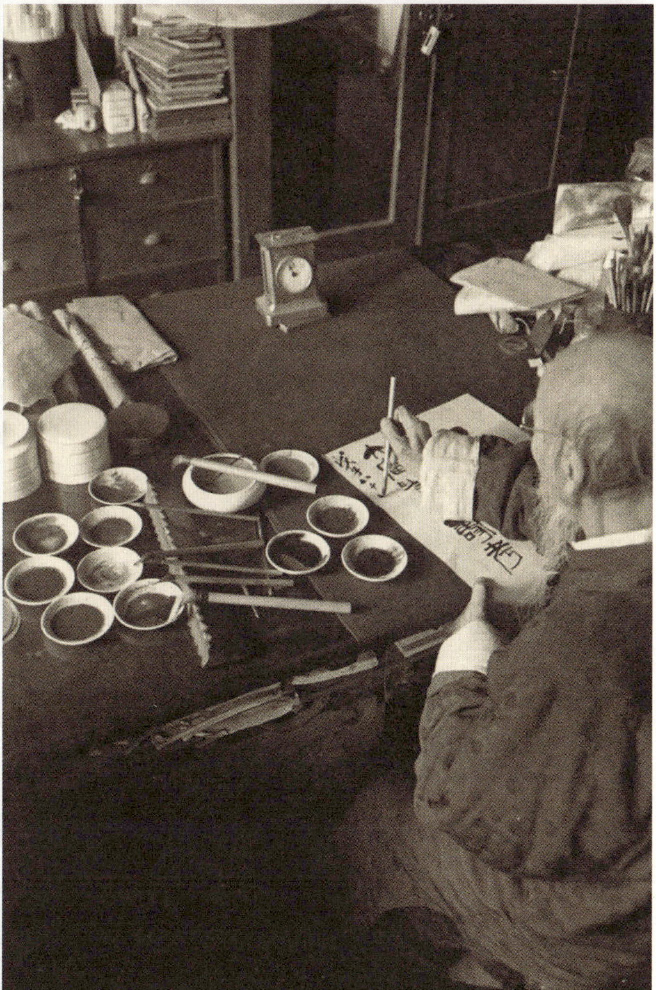

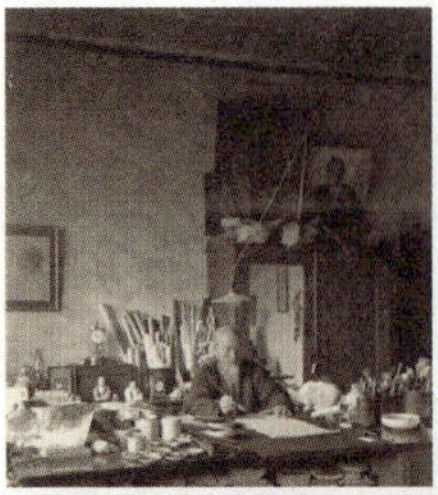
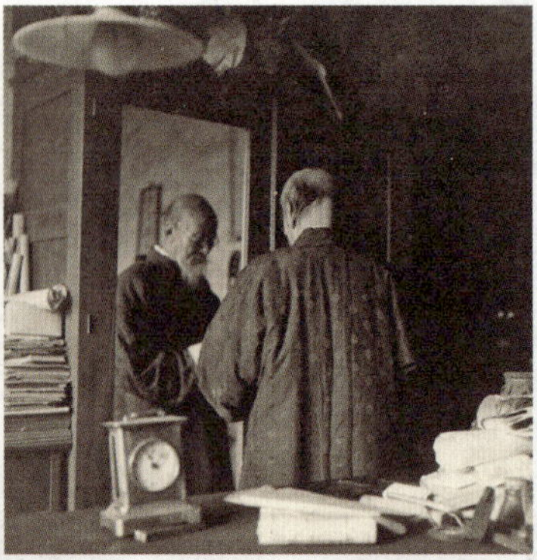
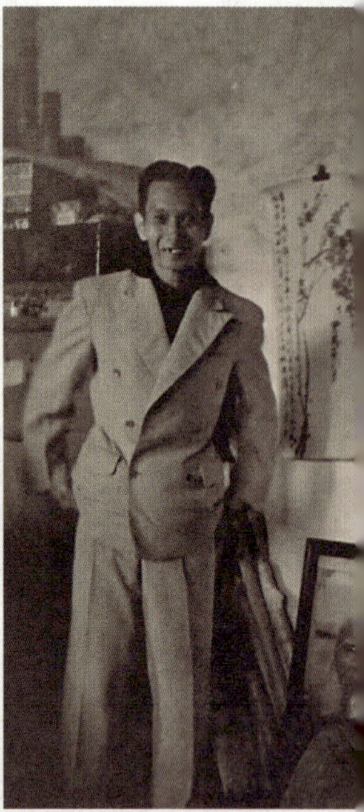
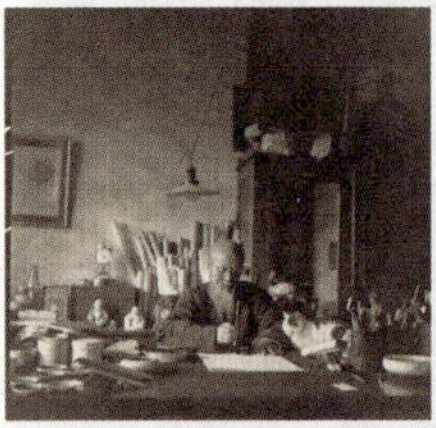
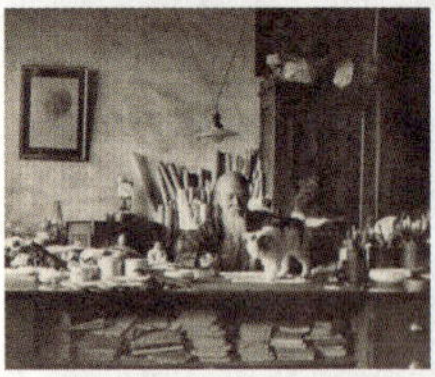
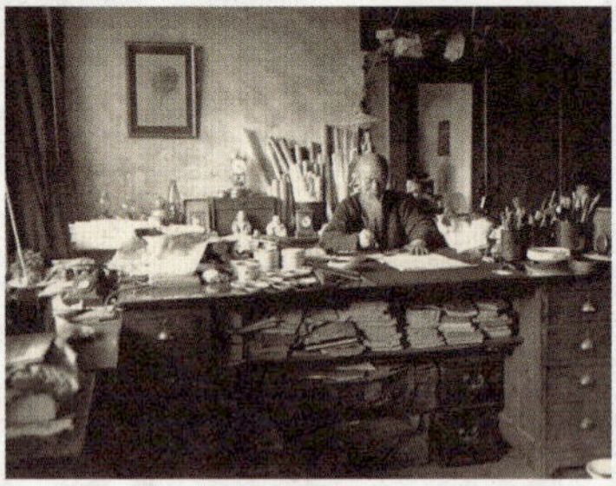
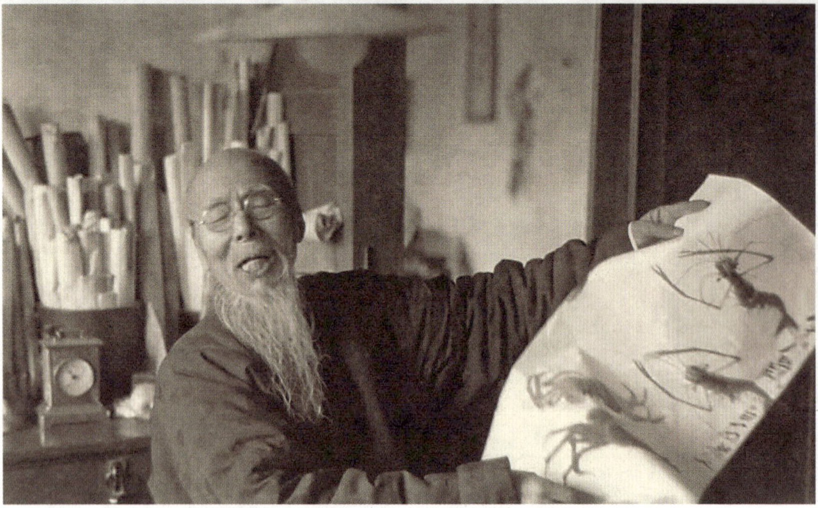
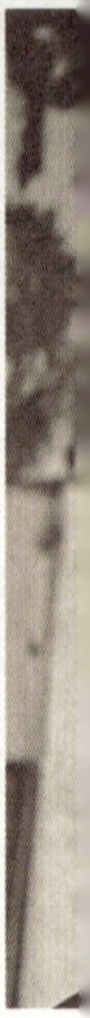

齐白石作画的系列镜头（三），
1948年10月23日，
杰克·伯恩斯拍摄

齐白石作画系列镜头（四），1948年10月23日，杰克·伯恩斯拍摄

·241·

齐白石作画系列镜头（五），1948年10月23日，杰克·伯恩斯拍摄

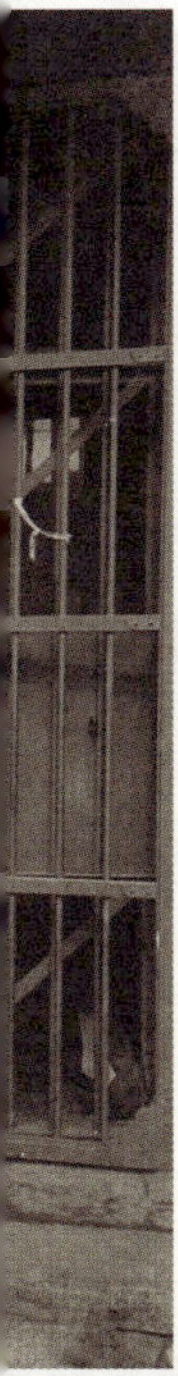

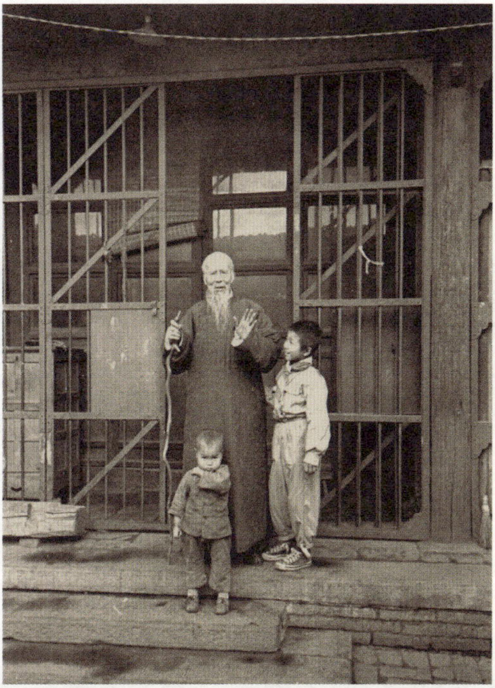

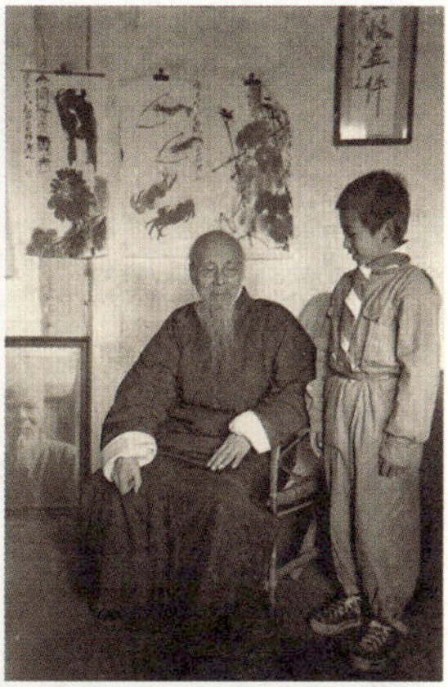

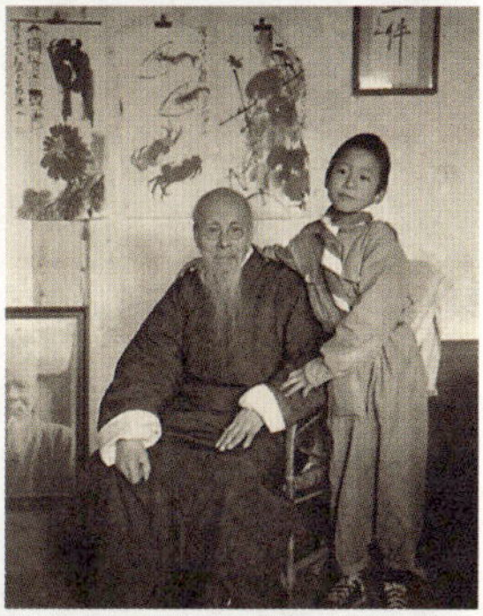

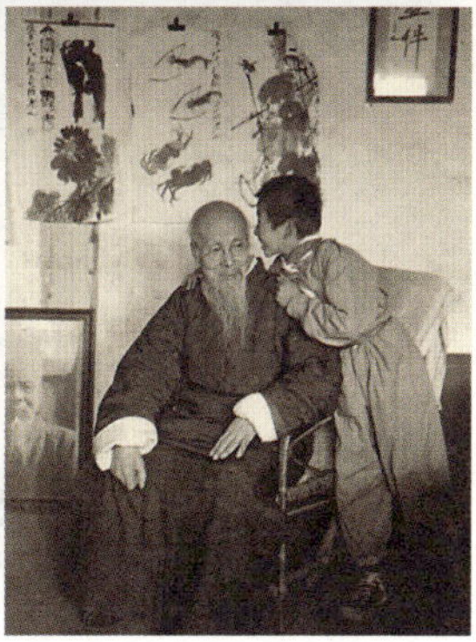

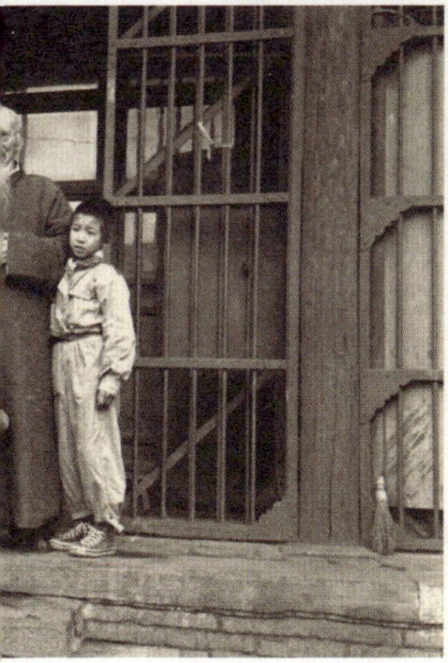

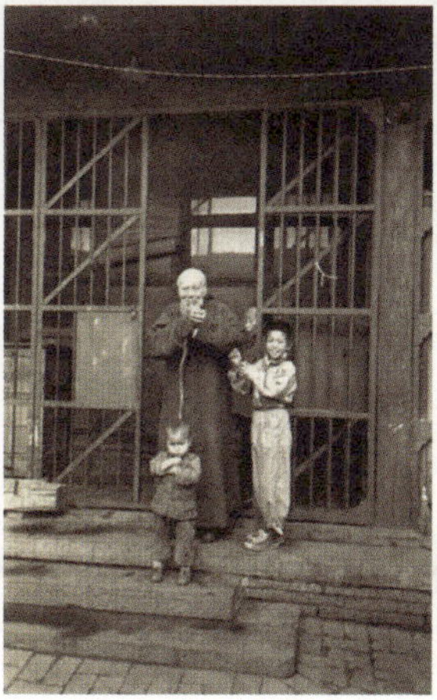

两个"木居士"

这两张是齐白石和弟子杨隆生的合影。白石老人早年为木匠,自称木居士,而杨隆生从事木刻版画,亦可称为木居士。

杨隆生(生于1915年)曾任职于南京国民政府国防部新闻局,据香港《大公报》称,彼时的头衔是国防部新闻局上校专员。杨氏拜师齐白石,介绍人是同事马璧。1947年冬(马璧另说是在秋天),马璧和杨隆生到新闻局在北京设立的新闻训练班分班任教,同住一间宿舍。期间,马璧经常光顾甚至住在齐家;此事启发了杨氏的拜师念头,后于1947年11月20日初访了白石老人。经过马璧和白石三子齐子如的撮合,杨隆生于1948年秋天在齐家磕头拜师。拜师时,杨隆生呈给老师两幅(马璧回忆是一幅)自刻的木版画,并手书一幅自作诗请"白石老翁教正"。白石老人年轻时曾得到多位贵人提携,成名后也经常鼓励后进,他当即在木板画上题字,称赞杨氏的木刻如何佳好、请木刻界人士留意,并在杨氏自作诗旁题字:"白石老人经眼钦佩!"这两处题字,均由夏文珠均钤盖"白石题跋"印章。而在第一次的题字中,老人误把"寡"字丢掉了"宝盖",又把"词"误作"祠"。

再说合影,如今可见至少3张,地点就在白石画室的铁栅屋前,时间约在戊子年(1948)十月。此年十月,齐老师于在其中一张上题与杨隆生。而在此年,齐师还为杨生画过一幅6只虾的《墨虾》,另赠一幅仅画着两只工笔螳螂的已题款之作,留予杨氏他日补成。

齐白石和杨隆生，约戊子年（1948）十月

齐白石和杨隆生，约戊子年（1948）十月，齐白石并于十月题字

八大山人

1948年，李可染介绍画家李骆公（立民）拜访了齐白石。之后，骆公多次到访齐家，并曾宴请白石老人。

这组照片现藏于李骆公家属处，1949年春拍摄于齐家，同访者还有李可染、刘如李（任职于天津大学建筑系）。其中三张是齐白石在题跋《八大山人画谱》时所拍，一张是开始题写，一张是李可染观看，一张是落款时的特写。画册乃骆公之物，白石老人曾经留阅，此次归还时应邀题字。所题乃早年所作之诗："青藤雪个远凡胎，老缶衰年别有才……"青藤、雪个、老缶分别指徐渭、八大山人、吴昌硕，是齐白石最佩服的三位画家。而齐白石把徐氏的肆意、八大的凝练、吴氏的苍辣吸收并调和，终成自家风貌。

这里讲一下齐白石和八大山人。齐白石在早年曾多次获观八大的字画，但从不购买，而是设法借走勾摹，粉本留作揣摩消化。日后他再凭粉本作画时，所作的就具有强烈的个人色彩，绝无对画临摹的亦步亦趋感。

李可染在观看齐白石题跋，刘如李拍摄

李可染、李骆公

齐白石和李可染、李骆公，1949年春，刘如李拍摄

　　拜访当日，白石老人为李骆公画了一幅水墨《螃蟹》，这两张照片分别是在李骆公、李可染观画时由刘如李拍摄的。此时，老人已经摘掉了帽子，二李则身着装正装，可见对于拜访之郑重。此作如今尚存，画的是六只半螃蟹，款题"立民仁弟清论"。

　　分别时，二李还和白石老人合影一张，老人拄杖而坐，侧脸伸颈，神情悲苦悠长，活像他画的"十年面壁之罗汉"。另有两张分别照，一是李可染与老人，一是刘如李站在左边、李可染站在右侧和老人的合影，可惜今存的第二张残照看不到李可染。对于李骆公和老人的交往我所知不多，而老人很看重李可染。某天，李可染和艾青去看望久未见面的白石老人，老人便故意问可染："你贵姓？"

李可染（上）、李骆公（下）在观看齐白石画螃蟹，1949年春，刘如李拍摄

手相

齐白石像，1949 年春，刘如李拍摄

1949年春天的拜访临别时，李骆公一行特意拍摄了白石老人的右手掌——真可谓奇思妙想！

拐杖的影子投射在了老人宁静的面庞，胡须迎风，手掌苍老。我很好奇，摩羯座的齐白石一生敏感多疑，若是单单把这只手掌拿给高妙的算命先生论断，他会说出什么话呢？

北方三子

(左起)齐良迟、齐良末、齐白石、齐良已，约1949年

　　这是齐白石和胡宝珠所生三子良迟、良已、良末的合影，可称为"北方三子"。拍摄时间不详，而良末的模样比1948年杰克·伯恩斯所拍看上去略大，姑且定在1949年。另有原配陈春君在湖南老家所生三子，可称为"南方三子"。

　　良迟是齐、胡所生长子，在儿子中排行第四，乃"白石四子"。1938年秋，齐白石画了一幅《梅花》扇面（齐良迟旧藏），并题字追忆往事：星塘老屋在杏子坞南边，我的五子良迟半岁时，他的母亲抱着去探望"王父、王母"（爷爷、奶奶），如今良迟17岁了，爷爷奶奶也去世13年，画此给良迟，一定不要忘记爷爷奶奶就葬在杏子坞。其中将良迟说成了五子，令人费解。良迟在1940年开始学画，后毕业于辅仁大学美术系，1947年8月受聘于北平艺专，一生对父亲的宣传、研究用力颇多。

而在齐白石的诗文、书画、篆刻中，经常提到"迟迟""迟儿"，莫非是指齐良迟？非也！请看他在庚午年（1930）八月所画《迟迟夜读图》，题字说：我快六十岁时生了个儿子叫"迟"，之后又生的叫"迟迟"。他还画过《戏画迟迟瞌睡图》，题字说："余五十九岁生良迟，六十一岁生良已，字曰迟迟。"所以说，一个"迟"字是指良迟，两个即良已。关于这点，还可见齐白为二子所刻印章：1932年刻"良已"，边款刻"迟迟十岁时，乃翁预刊"；1933年刻"齐迟迟"；1944年刻"白石后人"，边款刻"迟迟之求"；又刻"齐五"，边款"迟迟之求"……

此外，齐白石曾多次促进南北子女的关系融合。1946年，三子子如、四子良迟、五子良已合作了一幅《紫藤蜜蜂》，老父题字道：诸君不要笑话老夫自夸，我这三个儿子画得都很不错。1948年，良迟画了一幅《盆花》，老父又题字说：迟儿此画曾请三哥指点，我见而欢喜题字……

委员会委员

齐白石像，1949 年 7 月

  1949 年 7 月，第一届全国文学艺术代表大会在北京召开，年近九旬的湖南籍老画家齐白石作为平津第二代表团成员参会，并当选全国委员会委员。从此，他的人生逐渐走向了巅峰，陆续当选中国美术家协会主席、全国人大代表等，殊荣不尽。曾记得，他刻过两枚自用印章"一切画会无能加入""星塘白屋不出公卿"。

  又记：在拙作即将付印之际，又见它载，此照拍摄于 1950 年 5 月召开的北京市文学艺术工作者代表大会期间。记之待考。

附录

1. 齐白石像，此照片左、上均被剪裁过，猜测左有他人，上端有字迹，在特殊时期所为，约1925年秋
2. 齐白石、胡宝珠与齐良止，约1930年夏
3. 1936年3月25日，天津《风月画报》上刊登的"金石家齐白石先生最近造象"
4. 齐白石与齐良末（耄根），约1939年春。1938年初秋，齐白石在为杨泊庐长女秉娴的画作题字中写道："时怀抱第七子耄儿于左手。"（见《齐良末》一文）
5. 齐白石与夏文珠、齐良末，后排三人或为侯且斋、董秋崖、佘佩（见《夏文珠》《盛成》二文），约1946年10月10日
6.1 齐白石像（丁云樵所做齐白石塑像的参考照片），约1936年，左边耳朵后可见1935年蒋兆和为齐白石塑像
6.2 丁云樵（铁昌）为齐白石塑像，1936年完成，眼镜为实物
6.3 1937年，齐白石在塑像照片背后题字："白石泥塑像，丁丑丁云樵赠塑。"

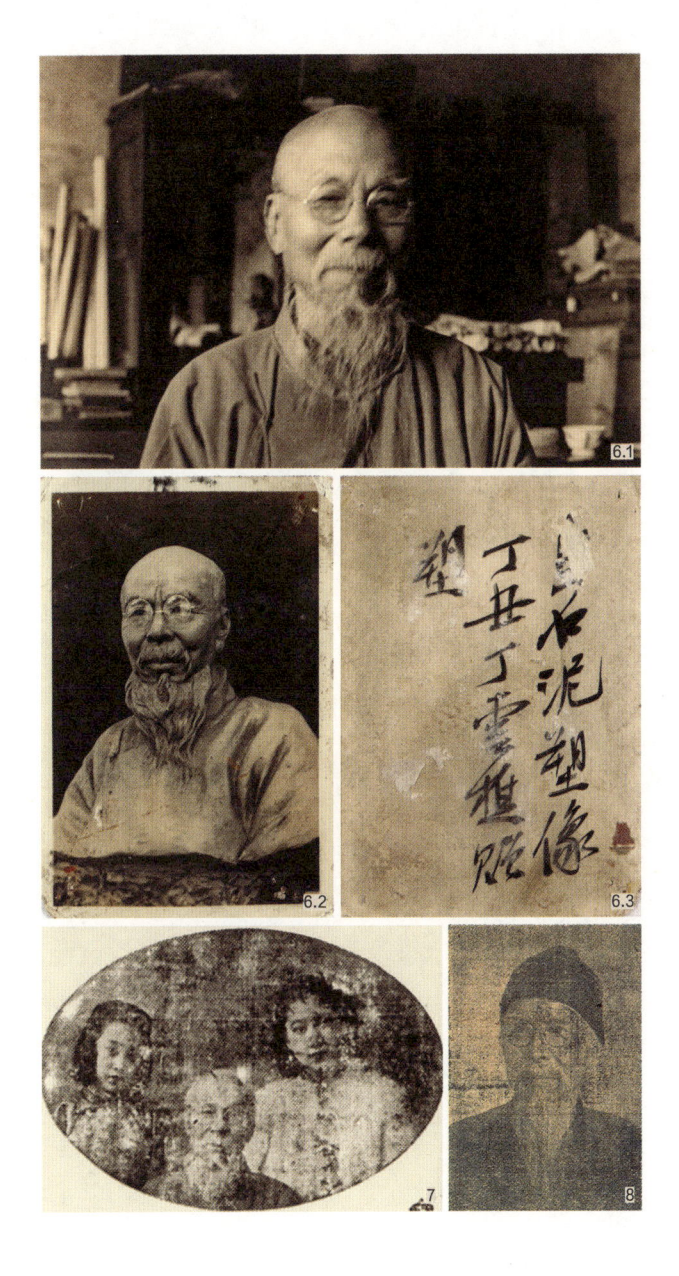

7. 1943年11月14日，杨德华（右）拜师齐白石合影，左为杨英华
8. 1947年10月8日，北京《新民报》上刊登的"齐白石先生近影"

主要参考书目*

著作

胡适自校《齐白石年谱》，胡适纪念馆，1972

爱兰娜编《凌直支凌孝隐父女画集》，华冈出版部，1974

马璧编著《齐白石父子轶事·书画》，新文丰出版公司，1979

齐佛来《我的祖父白石老人》，西北大学出版社，1988

徐文彬、黄晓东编《齐白石印汇》，巴蜀书社，1990

张次溪《齐白石的一生》，人民美术出版社，1990

齐良迟口述，卢节整理《父亲齐白石和我的艺术生涯》，海潮出版社，1993

刘冰庵《刘冰庵篆刻书法选集》，人民美术出版社，1999

鲁光《半路出家》，湖北美术出版社，2001

萨本介《齐白石》，河北教育出版社，2001

娄述德编《娄师白作品集》，人民美术出版社，2004

齐良迟主编《齐白石文集》，商务印书馆，2005

戴青山编《齐白石篆刻作品集》，广西美术出版社，2009

王明明主编《北京画院藏齐白石全集》，文化艺术出版社，2010

北京市文物公司编《北京市文物公司珍藏齐白石书画》，人民美术出版社，2010

---

*1. 民国时期的期刊、报纸在文章中已经注明来源，不再列举；2. 文章中已有标注出处的现代著作，一般不再列举；3. 因查阅资料众多，难免有遗漏，敬请谅解。

韩不言绘《中国近现代名家画集·韩不言》，人民美术出版社，2012

盛成《盛成回忆录》，山西人民出版社，2012

盛成《我的母亲》，山西人民出版社，2012

北京画院编《人生若寄：北京画院藏齐白石手稿》，广西美术出版社，2013

北京画院编《白石老人自述》，广西美术出版社，2014

北京画院编《齐白石三百石印朱迹》，广西美术出版社，2014

郎绍君《齐白石的世界》，北京时代华文书局，2016

王工主编《触摸记忆：民国时期中国美术考略》，河北教育出版社，2016

萧琼《萧琼书画集》，人民美术出版社，2016

郎绍君、郭天民主编《齐白石全集》，湖南美术出版社，2017

文章

陶正《败家子儿》，陶正《少年初识愁滋味　我的五六十年代》，北京出版社，2004

李光军《齐白石的韩国弟子——晴江金永基研究》，尚辉、赵国荣主编《齐白石研究（第1辑）》，湘潭大学出版社，2007

王令闻《忆齐白石》，中国嘉德编《中国近现代（一）》，2013年秋拍

（捷克）海伦娜·察普科娃文，王聪丛译《20世纪30年代的中国近代艺术品收藏——沃伊捷赫·齐蒂尔和建筑师拜利齐·弗尔斯坦的收藏》，北京画院编《齐白石研究（第1辑）》，广西美术出版社，2013

（捷克）贝米沙文，黄凌子译《征服欧洲：20世纪30年代初齐白石绘画在欧洲》，北京画院编《齐白石研究（第1辑）》，广西美术出版社，2013

王传芬《父亲王文农与齐白石大师的师生情》，陈昆、邵学海编著《荆楚绘画》，武汉出版社，2014

张涛《世乱身衰重远行：齐白石1946年南下展览考》，北京画院编《齐白石研究（第4辑）》，广西美术出版社，2016

韦昊昱《蜀道九千年八十：1936年齐白石四川之行相关问题考述》，收录于韦昊昱《峨眉春色为谁妍——齐白石与近代四川人文》，清华大学出版社，2018

沈宁《岂止闲情话山翁：于非闇笔下的齐白石》，北京画院编《齐白石研究（第7辑）》，广西师范大学出版社，2019

吕晓《翁似高僧僧似翁：齐白石与佛门弟子瑞光》，北京画院编《齐白石师友六记》，广西师范大学出版社，2020

吕晓《齐白石两登美国〈时代〉周刊》，北京画院编《齐白石研究（第8辑）》，广西师范大学出版社，2020

高克非《西山犹在不须愁：浅析齐白石的生死观及其陶然亭情怀》，北京画院编《齐白石研究（第8辑）》，广西师范大学出版社，2020

沈宁《寒雪顽石，中流砥柱：王柱宇主编〈戏剧报·艺海〉中的齐白石》，北京画院编《齐白石研究（第8辑）》，广西师范大学出版社，2020

邓广铭《关于〈齐白石年谱〉的编写及其它》，胡适等著《齐白石年谱》，浙江人民美术出版社，2020

刘振宇《美国〈生活〉杂志摄影师拍摄齐白石组照的当代解读》，

北京画院编《齐白石研究（第9辑）》，广西师范大学出版社，2021

贺怡兰《从日本版〈巨匠齐白石的生涯〉初探齐白石与小泽文四郎的一段师生情》，北京画院编《齐白石研究（第9辑）》，广西师范大学出版社，2021

沈宁《放下斤斧作知己：吴迪生与齐白石交游考略》，北京画院编《齐白石研究（第11辑）》，广西师范大学出版社，2023

孟召汉《齐白石与伊藤为雄交游考》，北京画院编《齐白石研究（第11辑）》广西师范大学出版社，2023

彭飞《1918年—1937年国立北平艺专教职员名录》，《美术研究》2013年第3期

吴霖《盛成与齐白石的翰墨缘》，《北京晚报》2020年9月24日

曹庆晖《洋溢胡同王临乙家——家园、家居和影集内外的艺术生活史（1946—1994）》，《美术》2023年第11期

李中诚《漫画的转型与速写的出场——叶浅予1935年北游之旅考论》，《美术》2024年第1期

钟志豪《鲜为人知的齐白石外孙媳邓柏云》，（苏富比官网）/https://www.sothebys.com/zh-hans/%E6%96%87%E7%AB%A0/%E9%B2%9C%E4%B8%BA%E4%BA%BA%E7%9F%A5%E7%9A%84%E9%BD%90%E7%99%BD%E7%9F%B3%E5%A4%96%E5%AD%99%E5%AA%B3%E9%82%93%E7%99%BD%E4%BA%91

尹鼎为《维也纳埃克斯纳家族和齐白石的相遇》，https://mp.weixin.qq.com/s/af68h5acaabm83lq5lcbkq（die Kunst微信公众号）

后记

看齐白石的画，直率天真，但你别被误导了，他可是个乖僻古怪之人。也因此，留下了大量或令人费解，或令人回味的文献资料，我研究起来倒是一件快事。

常有人问我：你和齐白石同姓，是有什么关系吗？答曰：毫无关系。不过，我倒是和他的老朋友齐如山有点瓜葛，都是高阳齐氏。齐白石曾为齐如山作画多幅，在题字时称之为"宗兄""吾家如山先生"，两人一见如故，交往了近三十年。高阳齐氏和齐白石的湘潭齐氏有何因缘就不得而知了，即便有，现在说来也无甚意思。不过，我和齐白石又的确有点无聊的"关系"：我的五世祖（明代）和齐父"以德"同名，但我更关注我们的出身、经历、性格中的诸多相似之处。除了上帝赐予的天赋外，这三个方面直接影响了齐白石的艺术发展脉络。然而，我在研究过程中并不会因为以上"关系"而有所偏袒，反而更容易理解白石老人。

前言中已说，齐白石即便在"北漂"初期也不是什么穷鬼，而"哭穷"似乎跟随了他一生，似可引申为简朴、内敛的生活态度。这在很多国人身上都存在，但被演绎家们利用后，就把齐白石给符号化成了一个"吝啬鬼"。如果你知道足够多的材料，就会发现他并不小气。一言以蔽之，说他"小气"者即想占便宜未果。而有的故事多由谣传所致——因为讲述者的名气大，很容易就被以讹传讹了。

事实上，齐白石十分懂得人情世故，对于礼尚往来的分寸把握得十分老练。既不会刻意占人便宜，又不愿意受人压榨，再说他的性格，虽然不善辞令，但交游既多且杂，涉及鸿儒硕学、高官富贾、三教九流。而他又不太做迎来送往、请客吃饭之事，用句时髦的话来说，不愿无效社交，可但凡涉及到实际利益是不会错过的。

写到现在尚未谈及本书的主题——照片，并非跑题，而是为更好地说明主题。以上所言种种，在书中所谈的照片里有充分体现。我之所以从日常的照片切入，盖因在齐白石的诗、书、画、印中涉及了太多的家常，照片即窥视其艺术世界的重要途径，同时又能反哺对其学术的研究。

另外我发现，所谓的"艺术源于生活"，在齐白石的身上体现得十分到位，尽管我是不完全认同此观点的。写这本小书，就是想通过书画以外的另一种视觉形式——更准确地说是日常生活的缩影，来感受齐白石的艺术理念，从而寻找出某种启示。书名原为"齐白石影像考（1950前）"，即以文献考证的方式展开，之后考虑到大家的阅读感受，遂改成了《齐白石照相记》，顿时显得轻松活泼，似与白石老人的艺术理念十分契合。

我想做这本册子的愿望由来已久，或因一直以来对老照片和齐白石的钟情。去冬和谷卿先生聊天，他说这个选题很有趣，并当即介绍了出版社——未曾想到责编十分重视。虽说之前已经准备了大量资料，但写作过程还是艰难的。首先是要尽可能地穷尽照片资料，同时要断定拍摄时间，即在1950年之前，之后是考证基础信息——拍摄时间、地点、人物、事由。这是原定的执行方式，但中途又觉得不过瘾：一是未将照片与白石老人进行学术性结合，分量不足；二是有些文献资料与照片之间可以互相印证、延伸，不采用实觉可惜。因此，越写越复杂。

在写作的过程中，我得到了多方支持：高克非先生贯穿始终；吕晓、沈宁二师多次提供资料和高见；另有十多位师友给予了帮助，谅不再一一道谢。

齐凯

2024 年 8 月